管理会计公告

（2009—2019）

第三辑

美国管理会计师协会（IMA） 发布

中国财经出版传媒集团
经济科学出版社
Economic Science Press

IMA《管理会计公告》专家指导委员会

丁平准　中国注册会计师协会原副会长兼秘书长
于增彪　清华大学经管学院会计学教授
王立彦　北京大学光华管理学院会计学教授
李扣庆　上海国家会计学院党委书记、院长
顾惠忠　中国会计学会副会长，中航工业集团有限公司原副总经理兼总会计师
蒋占华　中国盐业集团有限公司党委委员、总会计师
谢志华　财政部会计名家和管理会计咨询专家、教授

（以上按姓氏笔画排序）

翻译人员　赵　健　张　翔　叶凌波　张晓泉　曹宇虹　苏　珊
审校人员　冯一凡　陈　琴　郭　强

内容提要

美国管理会计师协会（IMA）发布的《管理会计公告》由国际知名专家精心撰写，涵盖了管理会计领域的各项实务及专题，突出实务导向，注重技术与分析、文化、职业道德和价值观对企业管理会计体系的影响，对企业管理人员建立商业逻辑思维框架、提升商业判断力具有很好的借鉴意义。

公告共分为五辑，主题分别为战略、规划和绩效，报告与控制，技术与分析，商业和运营，价值观与可持续发展。本辑的主题是技术与分析，包括：管理成本核算的概念框架；开发有效的管理成本核算模型；实施作业成本核算；法务分析和管理会计师；发展竞争情报能力。

同时，IMA特邀上海国家会计学院专家团队结合我国管理会计发展现状为每篇公告撰写了评论。

目 录

管理成本核算的概念框架 　　1
　一、引言 　　3
　二、管理成本核算的目标 　　5
　三、管理会计师的职能 　　6
　四、理解管理成本核算概念框架 　　7
　五、信息使用概念 　　14
　六、管理成本核算概念框架的应用 　　16
　七、结束语 　　27
　附录 　　27
评论　如何正确地理解管理成本及其核算
　　　——评《管理成本核算的概念框架》 　　30

开发有效的管理成本核算模型 　　35
　一、引言 　　37
　二、"六步流程"概述 　　38
　三、结束语 　　56
　附录A　案例1——一家大型的保健组织 　　57
　附录B　案例2——一家中等规模制造商 　　61
评论　以"六步流程"开发管理成本核算模型
　　　——评《开发有效的管理成本核算模型》 　　66

实施作业成本核算 　　73
　一、理据——为何关注ABC？ 　　75
　二、范围 　　77
　三、界定ABC成本法 　　77

四、管理会计师的作用　　78
　　五、实施ABC成本法涉及习性变化管理　　80
　　六、规划实施ABC成本法　　81
　　七、ABC系统的初步设计　　83
　　八、战略成本管理与运营成本管理　　90
　　九、客户盈利水平报告　　93
　　十、ABC项目规划　　97
　　十一、收集ABC数据　　98
　　十二、实施最终的ABC系统　　103
　　十三、确保ABC作为可持续系统得到成功应用　　105
　　十四、ABC商业软件　　106
　　十五、结束语　　107
　　术语表　　108
　　参考书目　　108
评论　有效分配和管理间接费用
　　　——评《实施作业成本核算》　　112

法务分析和管理会计师　　117
　　一、执行摘要　　119
　　二、引言　　119
　　三、风险框架和管理会计师　　120
　　四、识别舞弊：共同的责任　　126
　　五、管理层舞弊简介　　128
　　六、员工舞弊：威胁日益增大　　135
　　七、采用传统管理会计工具识别舞弊　　139
　　八、数据分析工具　　143
　　九、结束语　　149
　　附加资料　　149
评论　舞弊风险管理：管理会计师的特殊作用
　　　——评《法务分析与管理会计师》　　150

发展竞争情报能力   157
  一、竞争情报（CI）发展简史   159
  二、概述   160
  三、定义竞争情报   162
  四、管理会计师在竞争情报流程中发挥的作用   165
  五、竞争情报流程   167
  六、实用建议和教训   181
  七、组织和管理会计师面临的挑战   183
  八、结束语   184
  附录A   竞争情报动机测试（CIMT）   184
  附录B   开展特别分析的相关技术   185
评论   理解何为"竞争情报"至关重要
    ——评《发展竞争情报能力》   187

管理成本核算的概念框架

关于作者

拉里·R. 怀特（Larry R. White，CMA，CFM，CGFM，CPA）是资源消耗会计学会（Resource Consumption Accounting Institute）的执行董事。他曾于2004~2005年期间担任IMA全球董事会主席，负责领导IMA管理成本核算概念框架工作小组的工作。

B. 道格拉斯·克林顿（B. Douglas Clinton，CMA，CPA）博士是北伊利诺伊大学（Northern Illinois University）Alta Via 咨询管理会计教授。

一、引　　言

本公告提出了一个有关管理成本核算的框架。通过本框架，组织能够明确哪些成本信息可以为内部决策提供最大程度的支持，并确保所采用的成本建模方法合理。同时，组织可以参考本框架对成本核算方法进行评估，并依据国际公认的成本核算原则确定哪些成本核算方法能够最好地满足成本建模的需要。

本框架旨在将管理成本核算操作以一个由原则、概念及约束条件组成的、内容明晰且理据充分的概念为基础，致力于通过成本建模，为组织决策提供支持。管理成本核算的概念框架并非具体的成本核算方法，相反，本框架为比较、选择、实施或设计成本核算方法提供了有益的、全面的且合理的参照。

之所以创建概念框架源于两个问题。首先，面向外部使用者的财务会计报告需遵守相关准则、法规和规则，不利于形成供组织内部决策使用的最优成本信息。其次，尽管成本信息能够满足内外部使用者不同目的的需求，但就支持组织内部决策而言，业界尚未就最为适当的成本建模方法达成普遍共识，或者明确提出有关建模方法的标准。

管理成本核算概念框架的预期目的是帮助组织设计、构建以原则为基础的成本模型，而管理者可以通过成功应用这些模型，改进组织运营状况并实现自身的战略目标。

关键术语

管理会计是一种深度参与管理决策、设计计划和绩效管理系统、提供财务报告与控制方面的专业知识以及帮助管理层制定并实施组织战略的职业（IMA 管理会计公告《管理会计定义》，2008 年）。

成本会计是指对符合外部财务报告要求或监管目的的成本进行计量和报告并且计量和报告过程必须遵守和符合相关指引和原则，以便满足规章、法律或其他既定准则与要求［国际会计师联合会（IFAC）的国际良好实务指南《评估和改善各组织的成本核算方法》（*Evaluating and Improving Costing in Organizations*），2009 年 7 月］。

管理成本核算是指仅供组织内部使用的核算方法，以确保决策信息能够反映组织资源与经营特征。

（一）框架的使用

管理成本核算概念框架能够满足从业者和学术界的多种需求：

（1）为成本模型的设计提供指导，准确反映与组织最常制定的与决策相关的运营和流程；

（2）为生成内部管理所需的成本信息建立了可靠的参考，据以说明这一成本信息为何有别于外部财务报告、税收以及监管等所使用的成本信息；

（3）为比较现有的与其他可选的成本信息生成方法的优缺点提供详细指导，从而更好地支持决策。

（二）框架概述

成本模型以货币形式反映组织资源、流程、产品和服务，而管理成本核算的概念框架（见图1）介绍了开发有效的成本模型所需的原则、概念及约束条件。

运营模型（及成本模型）的指导原则是因果关系原则，即成本反映因果关系的能力。实用的成本模型必须能够有效指导管理者：（1）通过财务结果推导经营动因；（2）深入理解拟开展的特定运营活动（或动因）可能产生的财务结果。

通过应用因果关系原则及相关概念，我们可以创建一个反映组织运营状况的模型并据以解释由此带来的财务结果。这为管理者寻求以最优方式实现组织战略奠定了基础。

指导组织制定决策的原则是类推原则，即利用对因果关系的深入分析推断过去或未来的原因或结果。应用成本信息时，管理者通过应用类推原则来推断过去或未来的原因或结果。这有助于管理者吸取既往的经验教训，制订组织未来的发展计划，并为资源应用提供决策支持，从而确保战略目标的实现。

图 1　管理成本核算的概念框架

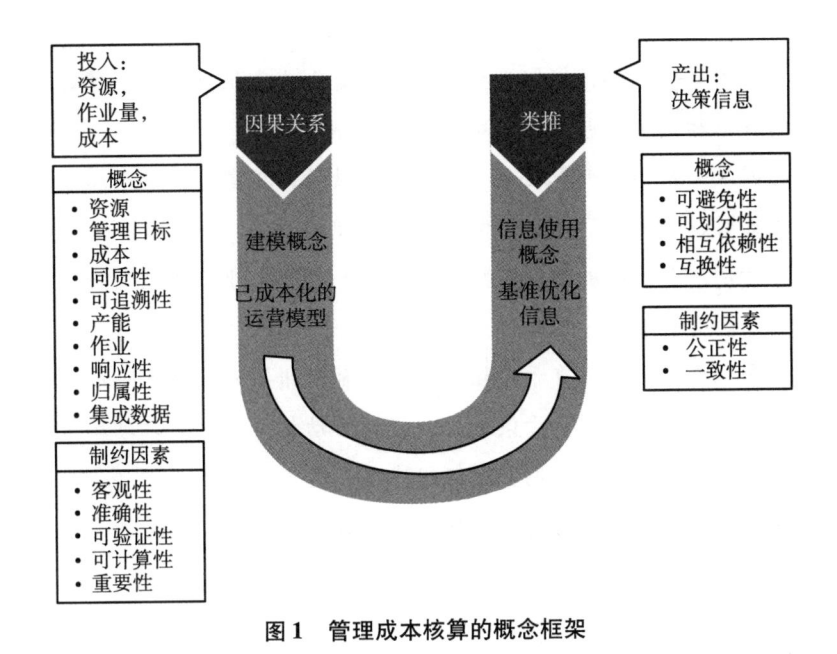

二、管理成本核算的目标

管理成本核算的目标包括：
(1) 以货币形式反映企业资源的利用情况；
(2) 深入了解因果关系，洞悉企业过去、现在或未来的经济活动。

管理成本核算有助于管理人员开展分析、制定决策，并为更好地实现企业战略目标提供支持。

内部经营状况是管理成本核算的重点，而管理成本核算的主要使用者是内部管理层。从本质上讲，管理成本核算阐述了组织资源、活动、产品以及服务之间的关联性，便于组织最终以货币形式理解相关经济关系。管理成本核算模型便是管理成本核算的产物。

> **关键术语**
>
> 　　以货币形式反映：管理成本核算必须为详尽的经济决策提供支持且必须以货币形式准确反映资源和流程的实际状况。

> 资源：为实现战略目标，组织需要获取和部署人力、机器设备、建筑物和资本等资源。资源的获取和部署还包括组织所有成本的相关来源。
>
> 深入理解因果关系：内部管理层在制定流程设计、提高运营效率和效能以及战略执行的相关决策时，需针对资源应用做出合理推理。
>
> 企业经济活动：企业经济活动是指不限于生产或服务业务的经营活动，包括用于实现战略目标的所有资源。
>
> 管理者：管理成本核算侧重于管理者和员工制定组织内部决策所产生的需求。
>
> 分析及决策制定：分析侧重于促进企业经济活动相关知识的学习和获取，特别是企业资源和能力方面的知识，以期实现组织战略目标。
>
> 优化：内部管理层的职责是通过利用资源以成本最小化实现收益最大化，进而实现企业的战略目标。
>
> 企业战略目标：包括财务目标和非财务目标。

三、管理会计师的职能

管理会计师的职能之一是提供信息，为寻求优化业务运营的管理者和员工提供决策支持。管理成本核算信息可供外部使用者使用，但需根据相关外部报告原则、准则和法律加以评估。以下 8 项原则涵盖了组织内部管理成本核算的范畴：

（1）为内部管理者和员工提供准确、客观的组织成本模型及反映组织资源使用情况的成本信息；

（2）灵活地提供决策支持信息，满足内部决策者对管理会计师及时提供深入见解的需求；

（3）针对内部决策者拟实施的备选方案，从边际/增量成本角度提供独到见解；

（4）构建产出与生产和交付相关产出所需投入之间的定量因果关系模型；

（5）以货币形式准确衡量组织经营状况及流程所需资源供应和消耗情况；

（6）提供相关信息，帮助管理者制定及时且具有前瞻性的内部决策，以实现经营优化、获得业绩增长并实现企业战略目标；

（7）提供内部信息对绩效进行评估，并从结果中吸取经验教训；

（8）为探究性和预测性的管理活动提供相关基础和基准参数。

四、理解管理成本核算概念框架

（一）管理成本核算的原则

管理成本核算模型的设计、实施和应用必须遵循两个原则——因果原则和类推原则。因果关系原则即获取和理解企业存在的定量因果关系，而类推原则是指在企业经营优化过程中采用相关因果信息。

> **关键术语**
>
> 因果关系：管理目标中的定量产出与实现这一产出所消耗的投入量之间的关系。[①]
> 类推关系：利用对因果关系的深入理解来推断过去或未来的原因或结果。

为支持管理者寻求最优的资源使用方式，管理成本核算需通过构建成本模型，以合理方式量化反映组织的所有资源、商品和服务。资源消耗量和相关产出量的量化信息构成了确定管理成本核算相关货币化信息的基础，从而为高效管理企业提供支持。模型越精准，假设越有效，其所反映的情况就越接近组织资源和流程的实际状况。

管理成本核算的核心是由产出量及所需投入量（资源）组成的运营模型。基于数量因果关系的成本模型主要关注点并非将总分类账的货币单位（例如美元、欧元）转化为财务指标，而是将管理者制定决策所需的资源、产品和服务直接联系起来。货币成了用来比较各种不同的且通常不具可比性的可选运营决策方案的共同要素。

上述建模方法通过以下两种方式来满足管理者的信息需求：

（1）非货币形式，即以定量方式反映决策流程所涉及的资源之间存在的因果关系；
（2）货币形式，即从财务角度对资源数量进行评估。

根本上说，类推原则构成了所有管理决策和行为表现的基础。该原则为管理者

[①] Adapted from Gordon Shillinglaw, "Cost Accounting Principles for External Reporting: A Conceptual Framework," *Essays in Honor of William A. Paton*, University of Michigan, Ann Arbor, Mich., 1979, p.162.

获取及应用宝贵的业务经验提供了一个机制。根据以经营活动所具有的因果关系为基础构建的成本模型生成的信息，组织可以将类推原则付诸应用。该因果关系模型通过为所有管理者提供与组织运营关系及财务结果相关的、清晰合理的独到信息，促进组织吸取经验教训，为决策制定提供支持。（请参阅附录中有关因果关系强度的讨论）

（二）管理成本核算的概念

管理成本核算的概念由两个基本的且相互关联的观点构成：
（1）计量和获取组织的资源及成本信息（称为"建模"）；
（2）将上述信息用于决策制定。

成本模型的目的在于提供计量和核算数据（包括费率），据以反映在支持、管理以及产品或服务的生产过程中组织资源的消耗情况。高效的成本模型可以为各类内部管理活动提供与规划、改善运营以及绩效评估相关的参照信息。因果关系原则是构建管理成本核算运营模型及获取模型提供信息所应遵循的原则。

信息使用的目的在于为任何层级的决策者（包括经理、主管或员工）应用成本模型反映的结果来获取独到见解以及做出推断奠定基础，帮助决策者做出决策及采取行动。决策者通过模型提供的信息获取独到见解，并将相关见解付诸实践，以推断将现有资源用于新目的或将新资源用于现有目的的情况（即采用类推方式）。通过应用模型信息选择最优决策方案并采取适应性及纠正性措施，应遵循类推原则。

建模概念概述

建模概念是构建反映组织运营状况的因果关系模型的基础：
（1）构建企业运营模型的基础（资源和管理目标）；
（2）相关要素的特征（成本、同质性、可追溯性、产能和作业）；
（3）构建模型要素之间的相互关系（响应性和归属性）；
（4）模型所需数据的性质（数据集成）。

在设计基于因果关系的成本模型以反映组织运营状况时，首要考虑的事项包括：
（1）我们想要实现怎样的目标？（管理目标）
（2）为实现上述目标，我们具备哪些条件？（资源）

资源：人员、机器设备、信息技术、原材料和物品/组织内部开发的知识产权（例如，医院内部开发的计费软件）。根据资源的广义定义，资源包括：

（1）所有成本的来源；

（2）具有生产能力的实体；

（3）为促使组织实现变革，决策者必须予以调整或施加影响的量化实体；

（4）优化活动的基本组成部分，决定了任何优化活动所带来的增量收益的规模。

管理目标：是指管理者为开展一个或多个管理活动而监控的资源应用并提供的特定结果或产出。管理目标的关键考虑因素包括：

（1）实现管理目标是利用资源获取产出的原因所在；

（2）制定和管理互不关联的管理目标是企业实现战略目标的必要因素；

（3）管理目标要与管理人员的责任、评价需求、受托责任以及最终获得的激励保持一致。

管理目标可以是组织的最终产出或任何中间产出。这些目标可在管理者认为合适的任何时间范围内满足任何计量、分析或预测之需。管理目标示例包括组织内部开展的生产活动和支持活动、外部活动和合约服务、可销售的产品和服务、目标市场和细分市场、获取资源和基础设施建设项目。

管理目标会对资源造成消耗，且大部分管理目标有助于实现下游或更高层次的管理目标。准确反映管理目标之间的消耗关系，可确保在实现管理目标过程中消耗的所有资源是可以确认的。如此一来，模型可以累积管理目标的所有相关的可归属成本——这是在遵循因果关系原则的前提下，最接近于提供完全成本信息的模型。由此生成的信息可为分析和决策支持提供反映因果关系的独特见解，并为确定决策相关成本提供了参照。

若想创建有效的因果关系模型，组织需要掌握模型各构成要素的特征，包括成本、同质性、可追溯性、产能和作业相关特征。

成本：以货币形式计量实现特定管理目标所消耗的资源或产出，或实现资源或其产出可用的消耗，但尚未投入使用。确定资源使用和管理目标的相关成本是实行管理成本核算的目的。成本信息以货币形式来反映资源的消耗同时可对不同的可选方案进行比较。

成本定义强调，管理成本核算模型中的资金流动仅仅反映了组织运营过程中对商品和服务的基本消耗情况。资金是经济活动的展现形式，而非活动本身。

与管理目标相关的成本源于其产出（生产人工工时、生产机器工时、产品数量等）与产生产出所需的投入（劳动力、设备、原材料、占地面积、公用设施等）之间的关系。因此，如果一项投入的相关成本被分配到一个管理目标上，这是因为实现该目标需要一定数量的投入——货币反映了具有因果关系的资源消耗情况。有鉴于此，如果不存在具有因果关系的量化消耗关系，则不应对资金进行分摊或分配。

成本的定义包括被浪费或闲置资源的相关成本（例如，可用于实现管理目标的但尚未使用的资源）。从优化经营活动的角度来看，过剩或闲置产能总会带来成本方面的影响——至少是形成了机会成本。

同质性：是指归集到相似技术或技能的一个或多个资源或投入要素所表现出的特征，即成本能够以相同的决定因素并以相同的方式加以核算。同质性在成本计量和建模中发挥着关键作用，可将具有类似能力和产能的资源分组并归集到一个单一的管理目标之中，以便以具有成本效益的方式进行管理、加以优化，并就这些资源的使用收取费用。组织通常需要对组织要素加以细分，而后根据同质性将资源进行分组。

可追溯性：投入单元所表现出的特征，即根据某个特定管理目标，在可验证的交易记录基础上，对投入单元加以整体识别。当存在因果关系时，资源消耗必须与特定的管理目标关联起来。可追溯性与因果关系的量化特征保持一致（即一定水平的产出需要一定数量的资源投入）。例如，组织用于追踪资源数量的可验证交易记录包括物料清单、产品生产步骤清单、领料单、工时表、发票、软件应用程序中的交易执行记录以及机器设计规范和评级。

可追溯性存在着明显的因果关系，如果缺少量化消耗关系，就必须利用归属性进行建模。

产能：资源发挥自身作用的潜能。产能描述了资源为实现管理目标而做出贡献的能力极限。有效利用资源产能从而实现管理目标是优化运营活动的关键。了解过剩或闲置产能为组织提供了重要的业务优化机会。（有关产能模型的讨论可参阅附录）

作业：作业指标阐释了为实现管理目标，资源参与特定作业活动或业务流程所形成的特定产出。当深入探究作业本质有助于管理者开展业务优化活动（如流程改进）时，构建作业模型能够帮助决策者对于组织具体情况了解得更为透彻。

如果用于建模，那么生产作业有助于反映因果关系并提供重要的决策支持信息。作业活动本身不具备产能，而仅仅消耗和传递产能。图2分别说明了具有和不具有作业概念的资源数量的消耗情况。针对作业进行有效的建模，需要在整个企业模型中利用资源数量来保持资源产能的可追溯性。

未开展作业

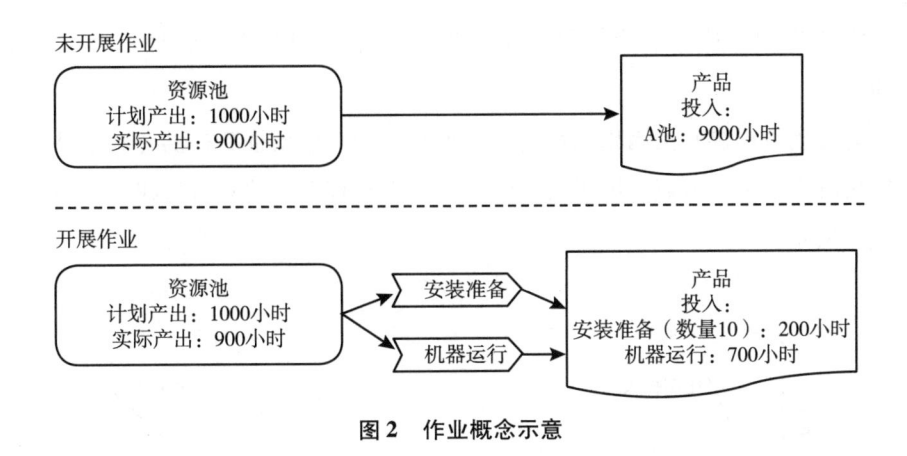

```
资源池
计划产出：1000小时
实际产出：900小时
```
→
```
产品
投入：
A池：9000小时
```

开展作业

```
资源池
计划产出：1000小时
实际产出：900小时
```
→ 安装准备
→ 机器运行
→
```
产品
投入：
安装准备（数量10）：200小时
机器运行：700小时
```

图 2　作业概念示意

响应性：某一特定管理目标的产出数量与该产出所需的投入数量之间的相关性。响应性取代了传统的可变概念。如图 3 所示，可变假设总产出从 A 点到 B 点的变化总是会导致总成本从 X 点到 Y 点的变化。

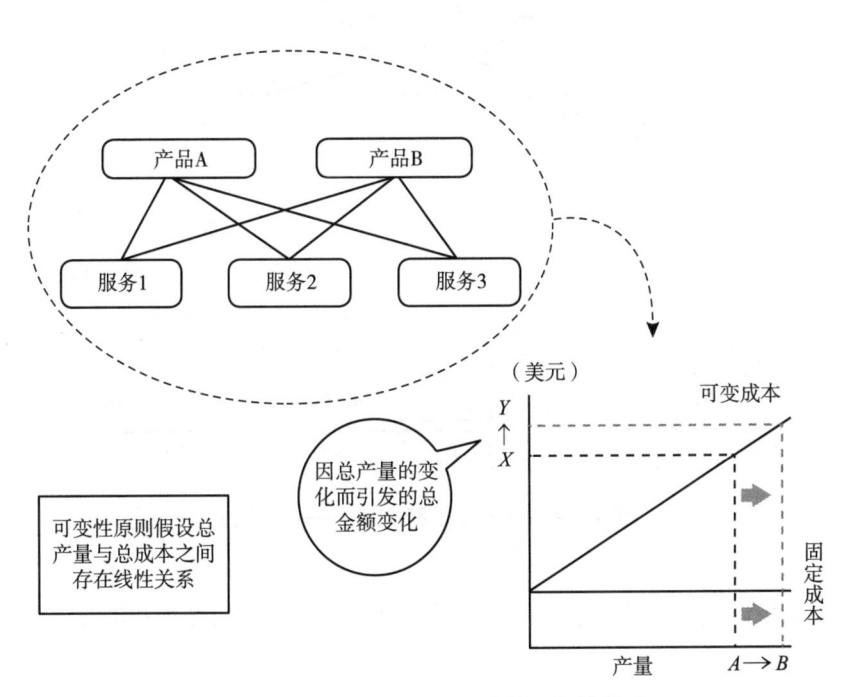

图 3　可变性：总成本与总产量之间的关系

响应性可以更好地反映因果关系的本质，并提供准确的边际成本信息。由于因果关系涉及产出及其所需投入之间的关系，因此，相比可变总体假设，其他因果关系的反映形式需要更为具体。响应性反映了在单个（中间和最终）管理目标层面量化消耗的本质。

为了向管理者提供有关因果关系的独到见解并为其做出推断提供有利条件，响应性侧重于反映流程中某些节点上因果关系的本质，而管理者必须对行为和资源消耗施加影响（如图4所示）。

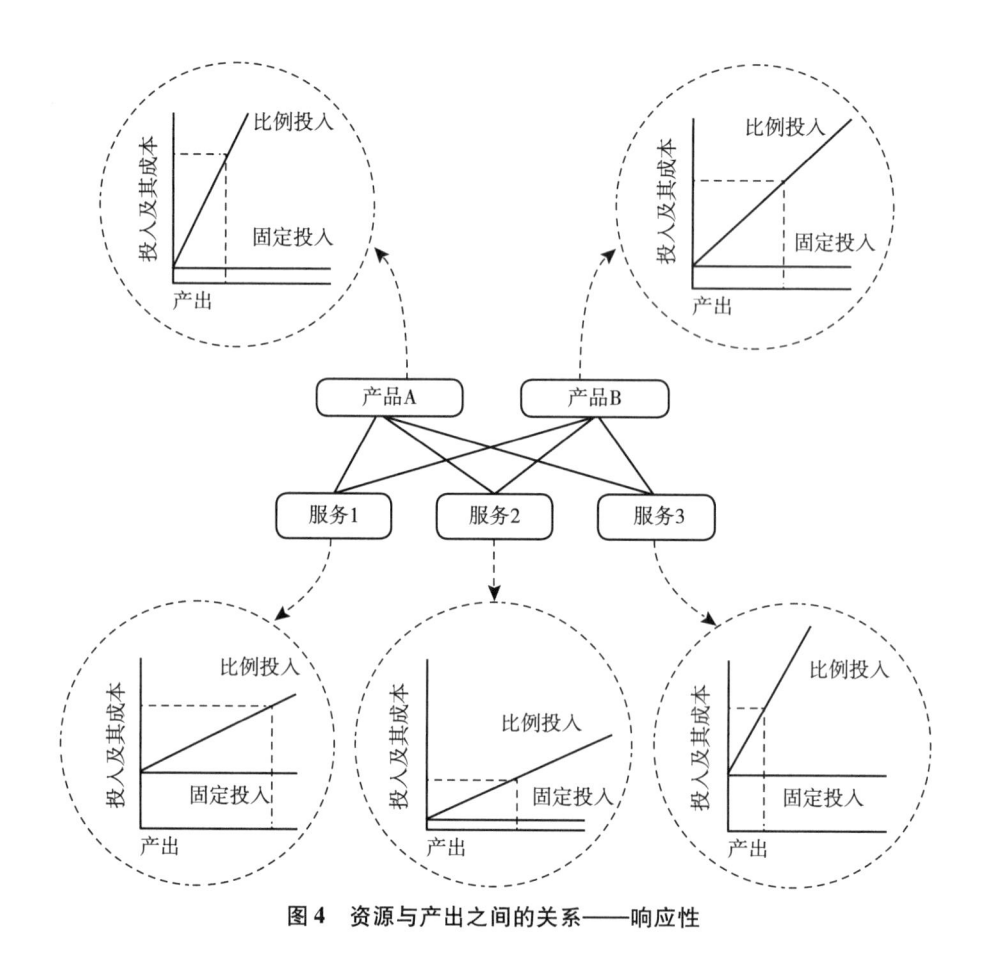

图4 资源与产出之间的关系——响应性

因果关系可以是静态的、动态的，也可以是与产出相关的静态和动态的组合。相关特征定义如下：

（1）固定的响应关系是指无论消耗管理目标的产出水平如何变化，都将消耗的一定投入；

（2）成比例的响应关系是指随着消耗目标的产出水平的变化，所需投入水平也将发生变化。

对资源数量的关注及因果关系具有的本质，使得响应性能够针对总产量与总成本之间的关系提供更细化的信息。响应性与因果关系的量化定义是一致的（即资金仅仅反映了相关投入数量的行为特征）。

响应性这一概念对于管理人员获取能够可靠反映运营因果关系的洞察力至关重要。响应性以及反映因果关系及其特征的方式为管理者在操作层面提供了坚实的基础，以便在类推或信息使用活动中（如分析、决策制定和规划）中以此为基础进行推断。响应性是管理成本模型提供的边际或增量信息的重要基础。

归属性：是指投入对改变资源供应和（或）消耗的决策的响应程度。如果成本无法以相对明显的因果关系与具体产出进行量化关联，则会受到归属性概念的约束。将这些成本随意地或出于非常笼统的理由分配给产出，这一惯常做法会严重影响组织多个层面的决策信息。

某一产品组的过剩或闲置产能成本即是一种可归属成本。如果将这些成本分配到所生产的产品上，那么对于更为高效（以更少的资源完成相同的工作）的生产经理而言，产品成本将由于过剩或闲置成本的分配，导致产品成本的任意扭曲。相反，过剩或闲置产能成本应归属于特定机器生产的产品组。销售、营销或一般管理人员有责任利用效率提升所带来的过剩或闲置产能。

值得注意的是，管理成本核算框架中的量化因果关系与特定的产出有关，而按照归属性概念，成本通常是根据控制和责任因素在业务或组织层级进行分配的。

数据集成：关于组织的经济资源、事件及其相应货币价值的信息，并不受传统会计惯例的制约，可以出于任何目的对基本数据元素及其价值进行汇集。管理成本核算需要一组集成的运营和财务数据源，该数据源经统一存储，供整个组织访问或检索，而非仅限于财务数据使用者使用。数据集成的概念可以让管理成本核算不再依赖于总分类账，进而可以清晰地划分财务会计和管理成本核算。数据集成将总分类账视为财务会计和报告的评估层级。管理成本核算需要有自身的评估层级，该层级在资源和流程上与非财务数据联系更为紧密。

企业资源计划（ERP）软件数据库系统非常适合在成本模型中实施集成数据概念。ERP系统通过企业数据库提供数据集成，该数据库涵盖了企业的活动范围，克服了传统的信息技术存在的"孤岛"问题。这一点可能包括调节和跟踪不同评估层级之间的差异。

五、信息使用概念

（一）信息使用概念概述

成本模型能生成资源消耗及其成本的相关信息，但这依然要求决策者在使用信息时必须对相应概念有所了解。资源和管理目标在模型中具有高度的相互依赖性，无数的定性因素可能会对其成本带来变化并产生影响。信息使用概念包括两类：

（1）主要与分析相关的（可避免性和可划分性）概念；
（2）主要与决策相关的（相互依赖性和互换性）概念。

可避免性：某项投入（及其成本）在决策做出后可被消除。可避免成本是某个管理目标产生的成本，一旦组织无须完成这一目标，那么，从即刻起或在合理的时间段内，将不再产生可避免成本。

决策者需要评估资源消耗方面的变化能否避免承担受影响资源的相关成本。可避免性是分析工作中的关键概念，因为对于企业所面临的每个决策场景而言，理解可避免和不可避免成本是至关重要的。

可划分性：资源的特征之一，即可根据某项决策所带来的管理目标产出的变化，将该资源整体与相关变化联系起来。资源并非总是具有灵活性。成本削减决策的成效，取决于受这一决策影响的资源是否可以被消除或出售（即如果资源是可划分的，则可以避免承担相关成本）。相反，对于增加产能或产出的决定，资源的可划分性将决定所需的投资额。

可划分性是资源的一个特征，该特征对决策而言至关重要。这是因为在确定是否可以避免承担相关成本的过程中，可划分性是一项关键因素。

相互依赖性：管理目标之间关系产生的原因在于为实现某项目标而制定的资源使用决策影响到实现其他目标所需的资源数量或质量。相互依赖性概念强调了从整体出发了解组织定性维度的重要性。例如，开设一家新工厂（B 工厂）可能需要从现有工厂（A 工厂）抽调人才，以帮助 B 工厂培训新员工并更快地开展运营。这将给 A 工厂的生产力和成本带来直接的影响，这一点对于管理人员而言是显而易见的，但可能难以量化。

无论是以成本为导向的量化模型还是纯经营的量化模型，没有一个能够完全取代对组织职能的了解。如果不具备这种了解,那么组织就仍然面临一个巨大的风险,即高质量的数据和精心构建的信息也可能带来不太理想的决策。相互依赖性是一个定性的因果因素,其重要性可能优于量化消耗关系,并可能导致组织做出欠佳的决策。

互换性:任意两个或多个资源或资源产出具有的属性,相关资源及资源产出之间可互相替代,且利用可互换资源开展活动所需的其他资源的成本不会受到影响。管理人员需要考虑所有可选方案以便及时实现管理目标。某项资源如果能够用于多项生产流程,则对该资源建模往往无法反映全貌,但在许多决策场景中可能是一个可行的备选方案。为实现管理目标,管理人员需要考虑这些可替代资源能够提供的所有可选方案。

通常,只有在通过反映关系的深入见解得出的事实被纳入成本模型之后互换性所带来的影响,才能显现出来。例如,两名工人从事相同类型的工作,但其中一名工人技能水平较低,需要进行更多的检查和返工。从表面上看,这些工人之间是可以互换的,但实际上,互换将改变资源池的成本结构。互换性的成本影响通常在历史分析中表现明显,但由于组织通常不知道替代是否可行或可以接受,因此很难进行建模。

(二)管理成本核算的约束条件

约束条件是指原则和概念发挥指导作用的区域边界,隐含地限定了建模和信息使用概念的应用范围。

与管理成本核算建模相关的概念受到五个因素的约束,即客观性、准确性、可验证性、可计量性和重要性。

客观性:成本模型的特征之一,表明成本模型不受任何偏见约束。只有在客观构建模型时,其所生成的管理成本核算信息才具有客观性。

准确性:指管理成本核算信息对组织拟建模概念的反映程度。准确性是成本信息的特征之一,反映了成本模型中所体现的资源与管理目标之间存在的因果关系的准确程度。准确性取决于成本信息的使用环境,即在围绕生成成本信息的关系进行建模的过程中,相比利润率高达80%或90%的公司,利润微薄的组织对准确性的要求更高。

可验证性:信息建模的特征之一,即能够让独立审查人得出类似的结论。建模者的目标是创建一个模型,独立人员在对该模型进行审查之后,可以针对模型设计得出类似的结论。

可计量性:因果关系的特征之一,即经过一定合理的努力,因果关系可以得到量化。可计量性这一约束条件,要求成本建模者通过一定合理的努力,创建一个具备量化关系的模型。

重要性：成本建模的特征之一，即在不影响管理者决策需要的前提下，可以简化工作。重要性这一约束条件，要求更深入的见解所带来的增量收益必须超过提供新信息所增加的管理工作量。

（三）信息使用的制约因素

信息使用概念受到两个因素的约束，即公正性和一致性。

公正性：公正地权衡与资源应用相关的所有备选方案。

公正性是任何优化活动的重要组成部分，体现了管理者摒弃偏见以及权衡各种与资源应用相关的可选方案的必要性。

一致性：单个管理行为之间的相互依赖性，以期以最优方式实现个人和企业的目标。

一致性要求管理者认识到企业整体优化对于个别行为的依赖性。在其他条件相同的情况下，与现状相比，能带来最大整体增量收益的备选方案是最优解决方案（尽管对于局部而言可能是次优结果）。

六、管理成本核算概念框架的应用

（一）理解战略与战略执行之间的关联

管理成本核算为实现组织战略目标和运营优化提供了支持。管理成本核算的执行者必须评估、理解并将组织的战略和运营纳入有效管理成本模型的设计和实施之中，而后对得出的决策支持信息加以有效应用。

1. 从何处着手

以当前的运营情况作为优化活动的基础。组织现有的投资（已部署的资源）、价值链、产品或服务、细分市场和客户情况即为组织现状，管理人员综合利用上述因素来实现战略目标。

无论何时考虑进行变革，在决策制定过程中，管理人员都会将当前的业务运营状况作为决策的基准。在评估决策备选方案时，管理者需要了解他们所试图影响和改进的转换流程背后的因果关系，并针对未来结果提供最佳指导。

2. 企业优化工作：背景、目标和范围

设计管理成本模型首先要了解组织的战略管理目标。考虑与组织及其战略相关的背景、目标和范围，这一点非常重要。管理会计师需要就框架概念和约束条件做出适当的选择和权衡，以便找到适合于该组织的适当平衡和关注点。

模型设计必须通过整合行业环境、竞争格局以及公司自身现状和部署来为组织提供优化决策。这些方面是公司开展业务优化需要考虑的背景，决定了管理人员将要做出的决策类型的性质及频率。

例如，同样是选择新址，对于一个公司可能具有战略意义（例如，丰田在美国得克萨斯州建设新的卡车工厂），而对于另一个公司而言则可能具有战术意义（例如，星巴克在一街之隔的拐角处开设一家门店）。与此相似，增加一个产出单位对于一家公司而言属于运营决策（例如，为当地面包店额外制作一批面团），但是对于另一家公司而言则属于战略决策（例如，波音公司考虑是否制造一架 B737 飞机或是将资源转移到 B787 梦幻客机上，以重新获得对空客公司等竞争对手的竞争动力）。

开展业务优化的背景为管理成本核算提供了参考框架，且指导成本模型的设计和实施为管理者提供了有效的支持。例如，在分销业务中，对运营的深入见解对于盈利能力最大化而言是至关重要的（例如收货、拣选、包装和运输，以及了解获得盈利的最小订单规模是多少）。另一方面，在外包业务中，针对特定交易建构并定价的产品组合（产品和服务的组合，例如应用托管、基础设施和业务流程）是至关重要的。

目标是指管理行动的战略意图，更具体地说，是指改变战略（适应性行动）或强化现有战略（纠正行动）。优化决策的目标离不开管理成本核算，从而由因果关系的视角来为规划、模拟、计量和分析提供支持。例如，成本核算模型将用于为公司调整现有战略或计划提供支持。这些适应性行动取决于有助于管理人员就未来结果做出推断和预测的信息。通过生成结构合理和细节精细的因果信息，模型能够最大程度上为管理人员提供服务，支持管理人员开展前瞻性活动。

成本核算模型还将用于支持组织采取纠正行动——为让组织重回正轨实现现有目标而采取的措施。由于深入认识到实际结果与计划或目标之间存在的偏差，管理人员便会采取纠正行动。纠正行动最初的侧重点在于了解实际结果及其原因和影响，以帮助管理人员了解所发生的情况，进而为组织采取适当的纠正行动提供指导。

范围是指模型所支持的决策的广度和深度（参见图5）。对于管理成本核算而言，优化决策的广度决定了所采用的管理目标的类型以及模型中的相关数值。[①] 广度包括四个价值链优化领域：

（1）寻找资源或投入市场。此处的决策考虑了新型技术、方法和人工设备资源，并努力通过资产置换、投资、采购和外包来最大限度地利用有限的资本资源。

（2）在转换中应用资源或投入。强调效率（正确地做事），决策涉及资源应用、利用、重新调整或重新部署、流程改进、消除浪费以及产能管理事项。

（3）形成产出。重点关注效能（即做正确的事情，生产适当的产品）。这一点可能包括自制或购买产品、支持推出新产品、流程改进、业务流程再造和消除浪费等决策。

（4）通过企业产出实现收益。这一点涉及在产品或服务市场中实现所期望的结果。决策涵盖目标市场和细分市场、服务成本、产品或服务组合、产品停产、进入新市场、为现有市场打造新产品或服务以及市场挖掘。

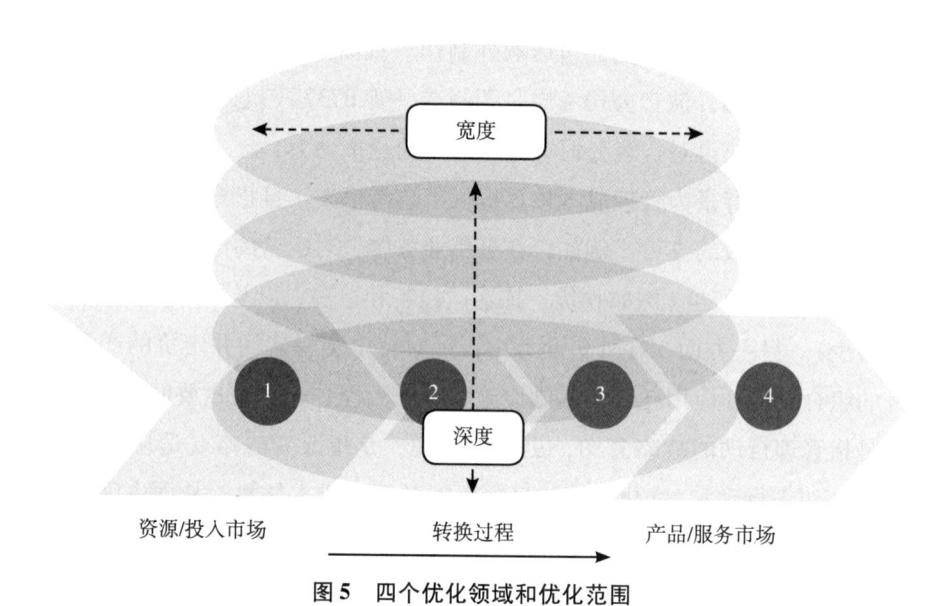

图5　四个优化领域和优化范围

资料来源：Anton Van der Merwe,"Management Accounting Philosophy Series 3: Filling Up the Moat," *Cost Management*, November-December 2007。

深度涉及与优化决策所带来的变化幅度相关的信息需求。敏锐的决策需要就因

[①] 在管理成本核算中，管理目标的类型可包括与资源、作业活动、产品、服务项目、分销渠道以及客户相关的目标。

果关系及其可能带来的影响形成更加深入的见解。为此，决策支持信息必须包含一系列成本构成要素，从而深入了解优化活动所产生的影响大小。成本构成要素包括以下内容：

（1）生产量成本（当决定在相关范围内额外生产一个单位时，涉及生产量成本）。①

（2）增量成本（决策的两个备选方案之间存在的总成本差异）。

（3）短期比例成本（在考虑因资源使用互斥导致的机会成本时，涉及短期比例成本）。

（4）可归属成本（与撤资决策相关的成本，例如银行将信息技术职能外包所产生的成本）。

（5）完全成本（与战略决策相关的成本，例如一家工具制造商通过在南美设厂进入该地区市场所产生的成本）。②

（二）设计和构建成本模型

成本建模包含六个步骤：

（1）确定组织留存使用的资源（及其成本）；

（2）确定资源所支持的管理目标；

（3）了解管理目标之间存在的因果关系；

（4）设计一个能够反映管理目标及其因果关系的模型；

（5）提供对模型的描述，包括范围、预计用途、所需投入、产出以及基本假设和限制条件；

（6）应用并维护成本模型。

1. 确定组织留存使用的资源（及其成本）

需要了解每种类型的资源具有的固有特征。首先需要了解管理人员负责监管的实际运营实体以及决策所针对的对象。特别要说明的一点是，建模者需要了解每项资源的产出、可存储性和成本行为特征（即成本变化是与产出呈比例变化还是保持固定不变——响应性概念）。

---

① 相关范围是一个经济术语，通常是指一个范围，其中需求水平的变化要求消耗材料发生比例性的变化，而不是人工或设备水平的比例变化。

② 通常被称为完全吸收成本或满负荷成本。

2. 确定资源所支持的管理目标

成本模型反映了组织资源的实际情况、资源所涉及的作业和产出以及这些作业和产出在形成中间和最终产出的过程中的消耗方式。相关管理人员必须了解上述所有内容，以便设立具有代表性、能够提供洞悉因果关系的有益见解和相关成本信息的管理目标。

管理目标可分为三个层级：

（1）第一层级针对资源及其产出，包括资源池和活动或流程。

（2）第二层级针对产品和服务，包括生产订单、服务订单和项目。

（3）第三层级针对结果，包括实体层面（例如工厂、业务单元或法人实体）、市场以及目标市场成本对象。在"以盈利为目的"的实体中，管理目标还包括创造收入，对实体的盈利能力进行管理。

建模者所采用的特定管理目标是管理人员结合战略背景、目标和组织战略范围，根据自身规划、分析、决策和优化需求确定的，并与各管理人员的责任范围相匹配。

3. 了解管理目标之间存在的因果关系

资源（第一层级管理目标所反映的）用于提供代表最终管理目标的产出以及以投入形式用以实现中间管理目标的产出。在管理成本核算中，组织必须了解这一由投入、中间产出和最终产出组成的系统并进行建模。该模型能够反映组织具有的因果关系，而这种关系（反过来）又在整个模型中作为资源成本的分配基础。同样重要的一点是了解组织在哪些方面不存在因果关系并将归属性概念加以应用。

4. 设计一个能够反映管理目标及其因果关系的模型

通过了解组织及其目标、管理人员的需求、资源及相关活动和产出，管理会计师能够着手设计模型，充分反映资源与客户之间的关系，并用量化投入—产出关系加以体现。一旦建立了这种量化模型，资源成本就能够以有利于决策的货币形式对模型进行评估。

5. 提供对模型的描述，包括范围、预计用途、所需投入、产出以及基本假设和限制条件

至关重要的一点是，成本信息的使用者不仅需要了解成本模型概念设计的内在原则，还需要了解用于构建这一模型的基本假设以及约束条件。例如，如果模型中对资产

进行了财务上的折旧，则应认识到该模型在提供产品生命周期盈利能力和产品或服务毛利率的相关见解方面所存在的局限，这是因为与资产的实际经济寿命相比，财务上的折旧所要求的资产寿命通常要短得多。也就是说，在资产发生折旧期间，产品或服务成本会被高估；而在资产完全折旧之后，产品或服务成本会被低估。

6. 应用并维护成本模型

将资源成本和产出数量输入已构建完成的模型，组织可以计算出各种具体管理目标的成本。而后，这些成本可用于评价监测和决策活动。不断对模型进行更新，包括根据管理者不断变化的类推需求进行调整，这对于不断为管理者提供相关信息具有十分重要的意义。在模型的概念设计中，框架中提及的与建模（例如，可计量性和重要性）和管理者相关的约束条件以及类推需求，在控制模型的规模和复杂程度方面发挥了重要作用。许多管理成本核算计划均以失败告终，原因在于建模者并未认识到需要采取怎样的努力来保持概念的设计工作不受任何局限。

（三）运用成本模型

应用管理成本核算方法需要的不仅仅是理解和应用本框架所阐述的原则、概念和约束条件。管理会计师还需要领导跨职能团队或作为其中一员，解决广泛的技术、管理和社会或文化等一系列广泛问题，这些问题可能影响到组织通过管理成本核算改善决策信息以及提高绩效的效果。成本信息是组织绩效信息的重要组成部分，通过有所改善的成本信息制定决策，将为个人及组织的方方面面带来积极影响。

1. 管理成本核算模型及解决方案的概念设计

管理成本核算最终需要依托软件实现，但无论怎么强调都不为过的一点是，选择软件并非实施管理成本核算计划的第一步。相反，第一步是了解所在组织的管理者为优化运营活动并实现组织的战略目标需要做出哪些类型的决策。这需要深入了解所在组织的运营状况，并帮助管理者和组织领导者通过当前所使用的财务信息对未来做出预测。为提升运营绩效，组织需要获取哪些成本和运营信息？

2. 管理引入的成本核算方法

应用管理成本核算方法非常复杂且广泛涉及组织的大多数部门。将项目管理技术应用于管理成本核算项目至关重要，有助于项目在成本、进度和绩效之间取得平衡。缺少项目管理技术，项目可能会面临需求不断增多、项目范围渐变或受到重重阻碍的风险，而最终陷入困境。

与大多数运营管理得当的项目一样，组织应将管理成本核算计划分解为较小的、阶段性的可交付成果，并由高管层定期进行评估和审批。如此一来，项目人员及组织其他成员都能够专注于完成项目的各个部分。如果组织在早期阶段即能通过更为深入的管理成本核算中获取优化信息，便能够为建模提出更为复杂的问题及需求。项目团队和组织领导层需要为此做好充分准备并着重确保在项目某一方面"裹足不前"之前，整个组织能够通过更为完善的信息获益。

3. 软件

再一次强调尤为重要的一点，实施管理成本核算项目不应以选择软件为起点，而软件拥有的功能也不应成为概念设计的决定因素。有关组织必须在评估可选软件之前，对管理成本核算概念进行设计。即使组织已经采用了企业资源计划（ERP）组件，情况亦是如此。

许多管理成本核算项目都因将注意力过多放在软件之上而遭遇失败。过多关注软件本身妨碍了组织对管理成本核算概念的设计，原因在于组织倾向于专注软件实施，而组织的需求不得不去"适应"所选软件具有的功能。首先，评估本框架所阐述的原则、概念及约束条件，并考虑如何将其应用于组织的战略并满足组织在优化运营活动方面面临的需求。其次进行概念设计，而后着手分析各个可选软件方案以便对概念设计提供支持（不论组织是否已经拥有软件抑或必须去获取软件）。

用于支持管理成本核算的软件主要包括 3 类：

（1）企业资源计划（ERP）软件：具有集成模块的大型软件。在管理成本核算方面，物流和财务领域所使用的 ERP 系统可以成为获取成本信息的有效基础。而仅用于财务会计和报告的 ERP 系统可能无法提供本框架下管理成本核算所必需的资源和物流信息。制造企业解决方案等营运系统可以提供丰富的、必需的经营活动数据。

（2）最佳管理成本核算软件：针对特定的管理成本核算方法而制定的诸多专业化软件解决方案。大多数软件解决方案可以与 ERP、财务、物流和营运系统相集成。多年来，许多大型 ERP 软件供应商已经收购了一家或多家此类解决方案提供商，而此类软件也可作为独立模块使用。

（3）商业智能软件：该软件专注于整合企业数据且通常需要建立计算引擎为管理

成本核算提供支持。这类软件非常适用于只有简单需求的小型组织，或是那些具有独特需求以及相关解决方案开发经验的大型组织。

4. 数据

运营数据，即有关组织流程和资源的信息，是本框架关注的重点。根据本框架实施管理成本核算方法，需要对组织的运营和物流数据以及各种支持系统熟稔于心。好处在于，当运营和物流部门员工得知你已经听取并了解了他们所处的工作环境以及面临的挑战时，会对你更为认可。因组织性质、规模和复杂程度不同，系统和数据的类型会呈现出很大差异。这意味着项目实施团队必须了解整个组织的管理者在做出决策时使用了哪些运营和财务数据。

在管理成本核算项目实施过程中，源数据质量通常是组织面临的一大问题。模型面临的真正考验在于通过提供信息，准确反映运营资源及其具有的货币价值，帮助整个组织更快、更准确地做出更有利可图的决策，从而体现自身的可信度。

5. 领导与变革管理

取得成功的关键在于认识到实施管理成本核算并非一项会计相关的"技术活"，而是改变组织决策支持方式及绩效信息的项目。通常，组织需要花费很大努力克服面临的阻力——使员工适应信息的不断变化以及信息生成的相关操作并对此充满信心。

实施管理成本核算过程中，衡量组织所遇阻力的有效方法是考量影响阻力的三个因素之间的关系：

组织必须努力营造满足如下关系的氛围：

$$(D \times V \times F) > R$$

在这一关系中：

（1）R 代表阻力。

（2）D 代表对当前状况感到不满。除非人们感到不满，否则很少会有兴趣对组织事务做出改变。人们倾向于维持现状。

（3）V 代表一种愿景，即什么看起来"更好"。当人们对自身所处环境有了不同看法或意识到某个解决方案可以改善当前状况时，会考虑做出改变。

（4）F 代表首先采取的实施步骤，但这一点经常被忽略。有些人可能认为诸多不满（D）和坚定愿景（V）两个因素足以帮助组织克服巨大的阻力（R），但是，仅有诸多不满（D）和坚定愿景（V）还不够。如果人们认为愿景过于理论化、复杂化、成本高昂或不切实际，就不愿意做出改变以实现这一愿景。需要借助 F 因素来落实愿景。

不要低估 R 因素的大小，即使该因素目前表现得相对消极，但仍可能非常之大。如果等式中的 D、V 或 F 因素任何一个为零或数值很小，则三者乘积不会超过 R。你需要对上述三个因素给予适当考虑。

如果人们对现状感到满意，就不太可能做出改变。可以适当营造不满情绪吗？一种有效的方法可能是在组织中采用批判性思维提出相关质疑。例如，你可以向执行团队和同事提出以下问题：我们的成本核算方法是否会导致间接费用和分摊费用相对较少的简单产品，为那些组织提供高度技术支持的更为复杂的产品"提供补贴"？我们最大的客户是盈利能力最强的客户吗？是否有客户格外挑剔，导致我们花费更多的精力与这些客户打交道，从而影响了我们的利润，但我们尚未对这些成本进行计量？我们如何获知这些情况？我们如何知道哪类客户需要保留、扩大规模、发展成为新客户或将其重新赢回？通过交易、邀约和促销手段保留、发展、获取并赢回客户时，在每类客户身上花费的最优成本是多少？如果在每类客户身上花费的实际成本超过或低于最优数额，会不会影响股东财富？

在许多情况下，无法就上述问题给出很好的答案。如果回答说"我不知道"，那么后续的问题应该是："这是件好事吗？在不清楚上述问题答案的情况下，继续做决定还要持续多久？"如果能以正确的方式提出这些发人深思和有意令人不安的问题，那么，组织就无须耗费太多的时间推广愿景（X），许多项目拥护者通常更喜欢强调愿景这一变量。将潜在问题转换为高管和同事们显而易见的问题，如此一来，变革需求将变得更为明显。

6. 组织对管理成本核算的接受度

利用本框架打造一个精心设计的、因果关系明确、准确的管理成本核算系统，意味着要有熟悉组织情况且了解并信任成本系统所提供信息的使用者。但需要注意的是，组织必须对这些信息使用者加以培养。管理成本核算项目的成功与否总是取决于组织如何响应并使用这些新的成本信息。

实施了高质量的管理成本核算的组织有何不同？管理层有何不同？在整个组织内，管理成本核算会给运营和非财务人员带来什么不同？显然，如果能够获得高质量、可信任的成本信息，将改变组织的沟通方式，特别是与经济决策相关的沟通。拥有高度可用性的成本信息对于整个组织的分析、决策、沟通和管理一致性带来的影响，是管理成本核算计划最终取得成功的重要因素。

实现了高效管理成本核算的组织能够更为迅速地聚焦于业务问题，因为它们只需花费更少的时间来讨论管理成本核算操作、成本信息的质量以及支持系统的功效。此外，因为这些信息会获得广泛理解和信任，所以在组织中将有更多的员工能够使用成本信息来做出决策。

若想达到这种状态，组织需要不断获取成本信息以及相关的运营和资源产能信息。组织必须不断应用、监测和评估相关信息。

（四）可用的成本信息

有效应用因果关系原则及其相关概念，能够提高组织成本信息的可用性。可用成本信息所涉及的关键要素包括信息的透明度、防御性和及时性。

透明度意味着使用者了解成本数据是如何计算得出的以及是否反映了业务活动的因果关系。缺乏透明度将导致大多数管理者最大可能地忽视此类成本信息。成本核算系统所提供信息的相关性和可靠性必须是清晰可证的。

管理者倾向于猜测不透明的成本信息，这将影响其对其他重要决策因素的批判性分析能力。关于成本核算系统的争论也削弱了组织为改善决策制定流程所做出的努力。透明的、反映因果关系的成本信息解决了管理者在获取证据并快速提供准确的成本信息过程中所面临的挑战。

防御性意味着财务和非财务人员可以利用成本信息来构建和评估业务案例、解释结果、支持和解释决策以及推广自己的想法。透明度将使得成本信息能够抵御准确性方面存在的挑战，无论该等信息用于何种特定目的。但是，这种防御通常是由财务部门发起的，因为财务部门是成本信息的创造者。当财务部门以外的管理者和员工在调查运营方面出现的问题或评估运营相关的解决方案时，能够随时应用成本信息，而不必担心财务部门会发现分析使用的成本数据存在错误，这才真正实现了防御性。此时，管理成本核算成为了一项有益的工具，帮助各类管理人员就自身所控制资源的部署问题以及改善组织绩效的投资事项，做出更好的决策。在整个组织中，让成本核算信息具有防御性的关键是，在设计流程和系统生成信息的过程中应用因果关系原则及其相关概念。

及时性是指最新的、持续可用的成本信息。首先，成本信息必须是最新的。根据具体情况，可能需要几分钟、几小时或几天来反映当前以及持续的经营活动。在此方面，及时性概念应该是成本信息追求的一个默认目标。

其次，成本信息必须保持持续可用状态。可用性要求组织建立有效的管理成本核算系统，以便生成信息提供给管理人员和员工使用。一项成本研究，不论以多么高效的方式开展，不论完成的速度有多快，也不论多好地获得了政策和程序的指导，其作用永远都比不上获取信息并进行日复一日的计量和评估。只有通过持续监测和评估，成本信息才能在一定程度上获得理解，让管理者能够确信模型反映了他们所管理的资源、流程和运营活动的因果关系。

决策制定和管理一致性

切实有效的成本信息所带来的最大好处是让各级管理人员与组织的优化目标保持一致。精心设计的管理成本核算系统能在资源层面将成本信息和经营活动按因果关系联系起来，并与管理目标结合，从而消除了成本信息与运营之间的任何不匹配情况。这种清晰度让成本信息能够更有效、更广泛地用于规划、投资、风险管理、绩效评估、盈利能力分析以及需要边际或增量信息的其他管理决策。

（五）评估成本核算方法

目前存在许多管理成本核算方法，其中包括传统的标准成本法、作业成本法、精益会计、产量会计、变动成本法、时间驱动作业成本法、资源消耗会计，等等。管理成本核算概念框架提供了可用于以下目的的基本概念：①评估所在组织的管理成本核算需求；②明确具体方法的优缺点所在。通过审视下列问题并提出与所在组织相关的其他问题，评估各个管理成本核算方法是否适用于该组织：

（1）为支持管理人员做出的一系列决策（从战略决策到战术决策），所在组织的管理成本核算需求是什么？

（2）根据各个建模概念对所在组织的重要程度来加以具体应用：

①资源。你需要具体了解资源和资源组或者广泛的货币分组和列示是否足够充分吗？

②管理目标。所在组织是否需要深入了解整个组织的管理人员所需实现的所有目标的相关成本？

③成本。所在组织有多大的需求来了解组织资源、产能以及实际产出之间以货币价值反映的关系？

④响应性。所在组织是否需要了解其流程各个层级的固定成本和比例成本，以便制定改善投资、特殊订单定价、制造或购买方面的边际决策以及其他决策？

⑤可追溯性。找到所需数据的可验证交易记录，以便为管理人员提供所需的决策支持信息，这项工作的难易程度如何？

⑥产能。了解产能限制何时会受到挑战以及解决这些问题的方案，这项工作对于所在组

织而言到底有多重要？了解生产性、非生产性以及闲置或过剩资源的产能成本是否重要？

⑦作业。所在组织是否需要具备把针对流程进行建模并将作业活动与开展作业所需的资源、作业所形成的中间和最终产品或服务直接联系起来的能力？

⑧归属性。如果没有明确的因果关系，成本分配将在多大程度上影响到决策？

⑨同质性。所在组织是否拥有形成同一管理目标的资源，这些资源在年限、技术、质量以及其他绩效方面有何不同？

⑩数据集成。所在组织的财务运营系统生成的财务成本信息，如何有效地反映资源、流程、产品或服务以及管理者和员工所制定的相关决策？

（3）考虑框架包含的约束条件——客观性、准确性、可验证性、可计量性和重要性对所在组织的影响。在这些约束条件中，哪些最为重要？你如何有效地平衡这些约束条件从而最大限度地降低相关负面影响？

（4）管理成本核算方法如何有效地针对每个概念提供相关信息？一个关键的问题是，是否可以从常规核算中获取重要信息并用于分析，或者是否需要投入更多的时间和研究。例如，因为核算方法固有的因果关系有限而需要开展特别研究。

（5）管理成本核算方法如何有效围绕最为重要的约束条件向所在组织提供信息？

七、结　束　语

在因果关系和类推原则指导下，管理成本核算审视企业资源的利用情况以及相关原因，以货币形式反映组织的运营情况。有效的因果关系模型结合了管理者对资源及运营活动的深入理解，以确定其如何为管理目标和组织战略的执行提供支持。一旦模型融入了管理者对于组织运营活动的理解，则基于因果关系原则的成本信息将以货币形式充分地反映组织运营情况。把对组织运营活动的深入理解与相应的财务指标结合起来，能为管理决策提供强有力的支持。

附　　录

因果关系的强度

管理成本核算中基于因果关系进行适当建模需要区分强因果关系和弱因果关系。

强因果关系是指因果关系可以得到明确量化。也就是说，在产出（例如运行模拟器时长 250 小时）和投入（例如运行模拟器 250 小时所需的 50000 千瓦时）之间存在必要的相互依赖关系。

弱因果关系是指投入与产出之间的关系不能加以量化，然而二者之间有着清晰的关联。例如，一个机器专门用于生产产品 A 和产品 B（两个产品组成一个产品组）。机器的过剩或闲置产能成本与产品 A 和产品 B 之间存在着怎样的关系？为了生产产品 A 和产品 B，机器必然会产生成本，但所生产的产品与机器的闲置时间之间的关系无法量化。适当处理因果关系原则，无论是强因果关系还是弱因果关系，对企业优化工作和管理者而言都是非常重要的。

建模能力

产能是所有资源的关键特征。组织需要了解两种类型的产能投入：

（1）产能供应投入是实现承诺产出所必需的，即便最终没有形成产出。资源的产能供应成本是为实现其承诺产能所必须消耗的固定投入数量的成本。一旦承诺提供一定水平的产出，相关的产能供应成本就无法避免，直至决定淘汰相关产能并采取相应措施。

（2）产能使用投入是指为了生产实际产出而发生的超过产能供应投入的额外投入。产能使用成本是在生产产出的过程中所消耗的比例投入成本。

所有产能成本（包括供应投入产能和使用投入产能）的分配是以产量为分母的函数，用于计算资源的产出成本率。消耗的实际产能使用投入将反映所形成的实际产出。产能供应投入（及其成本）的分配更具挑战性，因为所涉及的因果关系通常不是非常明显。产能成本分配需以产量作为分母，后者将适当地反映因果关系的强弱形式。

如果将计划产出作为分母用以确定费率，所有的产能供应成本都将分配给消耗这一产出的产品。在这种情况下，共有固定成本（是指与特定产出之间消耗关系非常薄弱或根本不存在的成本，例如过剩或闲置产能）并未按照因果关系原则分配给相关产品。这样做会造成一些产能供应成本的随意分配，从而影响到管理者对因果关系的理解。

因此，用于分配产能供应成本的分母必须反映以下内容：

（1）应用资源产能来生成产品或服务时以及资源未得到应用时；

（2）产能供应投入及其成本均与已应用产能和未应用产能相关。

已应用产能是指能够按照因果关系与特定产出建立消耗关系的生产性产能（生产产

品所耗费的时间）和非生产性产能（安装准备工作、计划内和计划外的养护工作、返工等耗费的时间）。未应用产能包括与特定消耗目标之间不存在明显因果关系的所有闲置或过剩时间和非生产性产能。产能资源的成本借助因果关系为管理者的类推活动提供支持。显而易见的是，组织应按照资源整体可用的时间区间来分配产能供应成本。因此，不应该将闲置或过剩资源时间的产能供应成本分配至生产性产出，而应按照归属性的概念进行处理。出于业务优化目的，在将产能供应成本分配给产能消耗者时，适合以理论产能作为分母。其他分母，包括实际产能、预算产能或正常产能，都可将一些未应用产能及其供应成本任意地分配给所形成的产出。

产能的定义

闲置或过剩产能：当前未计划加以利用的产能。闲置产能有三种存在形式：不可销售产能（市场并不存在或管理层做出退出市场的战略决策）、禁用产能（不可使用的产能）以及可销售产能（具有市场，但产能闲置）。

非生产性产能：产能未处于生产状态或者也不处于任何已经界定的闲置状态。非生产性产能包括安装准备、养护、待机、计划停机、计划外停机、返工和报废。组织应该尽量减少非生产性产能。

生产性产能：为客户提供价值的产能，这也是组织获取资源的原因所在。生产性产能用于改变产品或提供服务，形成并交付优质产品或服务，并用于流程或产品的开发。

理论产能：基于所有权或合同协议，资源处于可用状态的整个时间段。建筑物和设备通常保持一年 365 天，一天 24 小时的可用状态。人力资源通常按照每周约定的小时数保持可用状态。如果需要，加班可作为一种额外资源。

资料来源：Thomas Klammer, ed., *Capacity Measurement and Improvement: A Manager's Guide to Evaluating and Optimizing Capacity Productivity*, 1996。

评论

如何正确地理解管理成本及其核算
——评《管理成本核算的概念框架》

佟成生

管理成本核算目前已经在世界上被广泛接受和认可，并且许多大型企业已建立起成熟的管理成本核算体系，但在具体实施过程中没有一套完整的体系去评价它的优劣并为其进一步优化提供指导。本篇公告提出的概念框架正好弥补了此方面的空缺，为决策支持方面的管理成本核算搭建了一个完整的框架，它明确了建立有效的成本模型所依赖的原则、概念和制约因素。依托本篇公告提出的管理成本核算的概念框架，组织可以建立起自己的成本模型，同时还为组织判断成本核算方法的优劣提供了思考角度。无论是搭建管理成本核算框架还是对其进行评价，它都为企业提供了完整的方法论，十分值得中国的企业管理者和理论研究者加以借鉴和研究。

一、关于管理成本

正如同组织进行生产经营活动会发生采购成本、生产成本、销售成本一样，组织内部进行的管理活动也需要付出一定的代价，这个代价就是管理成本。管理成本的概念最早在20世纪30年代由新制度经济学奠基人科斯提出，这种成本是相对于财务成本提出的一个概念，它是指组织用于内部经营管理所投入的各种资源，主要包括决策成本、控制成本以及责任成本。对管理成本进行核算是一种为组织内部使用者服务的成本核算，它基于货币的形式阐述了组织资源、活动、产品以及服务之间的关联，能够为管理人员进行决策提供可以真实反映组织资源和运营特征的信息，并帮助他们更好地理解组织内部的经济关系。

本篇公告对管理成本给出了更加明确、清晰的定义。在公告中，管理成本主要是指为管理者进行决策提供支持的成本，涉及组织为实现战略目标而获取和安排的人员、设备、场地以及资本等全部资源。需要注意的是，在管理成本的定义中，它不仅包括了为实现组织战略目标而已经使用的资源，还包括了在实现组织战略目标过程中被浪费或被闲置的资源，与会计学上强调计量属性的管理成本有显著差异。

在我国，管理成本的研究方兴未艾。我国学者根据一般经济学原理也建立了管理成本的理论框架，比较主流的观点是认为管理成本包括内部组织成本、委托代理成本、外部交易成本以及管理者时间的机会成本。随着我国经济进一步开放与繁荣，组织对内部管理工作的需求越来越精细化，对进行决策所需要的信息要求也更高，因此管理成本核算在组织中的作用也更加突显。

二、如何理解管理成本核算

在信息爆炸的时代，搭建管理成本的概念框架是实施精细化管理的必然要求。一般来说，组织向外部使用者披露的财务信息和报告会受到相关法规和准则的制约，而这些制约因素会影响向外披露信息的质量，进而容易让组织内部管理者无法准确认识组织的实际状况。因此，为了能够让内部管理者准确认识到组织现状并做出正确的决策，必须建立一套能够保障组织资源和运营特征信息真实性的体系。

从另一个角度来说，随着组织对管理成本核算的认识逐渐提升，现在也出现了许多核算方法，但并没有统一的方法论对组织如何选择及评价核算方法提供指导。因此，建立一套完整的管理成本核算概念框架为组织构建管理成本核算模型提供理论依据是十分必要的。

本篇公告提出的管理成本核算概念框架把成本核算放置在了原则、概念和制约因素一起搭建而成的基础之上，让管理成本的核算更具有体系和判断基准。组织可以依据公告提出的概念框架来制定自身的管理成本核算体系，并能够比较各核算方法之间的差异，从而建立起定制化的、全面的管理成本核算模型，为优化组织运营状况、实现战略目标提供帮助。

三、公告内容与贡献

在本篇公告中，作者讨论了管理成本核算和信息使用的概念，并解释了为什么组织需要对管理成本进行核算，还进一步阐述了核算管理成本对实现组织战略目标的重要性。在对概念有了较为全面的了解后，作者详细解释了管理成本模型搭建和评估的过程，并点明了管理会计师在该过程中应发挥的作用。除此之外，公告还强调了应用管理成本核算框架时需要坚守的两个原则：因果关系原则和类推原则。

本篇公告的内容主要可以分为以下六个部分：引言、管理成本核算的目标、管理会计师的职能、管理成本核算的概念框架、信息使用的原则与制约因素、概念框架的应用。

第一部分"引言"主要介绍了建立管理成本核算概念框架的意义、原因和目标，并站在从业者和学术研究者两个角度阐述了该框架的价值所在。对于从业者来说，该框架为设计成本模型提供了指导，能生成内部管理所需的真实、可靠的信息；对于研究者来说，该框架解释了内外部成本信息之间产生差异的原因，并提供了比较不同成本核算方法之间优劣性的建议。另外，该部分还简要介绍了利用概念框架建模的原则。

第二部分"管理成本核算的目标"主要介绍了组织进行管理成本核算的目的。组织进行管理成本核算，一方面是希望能够用货币来量化组织内部各项资源的利用情况，另一方面是希望通过了解内部资源使用与决策用信息产出之间的因果关系，用过去的经营和现在的实际情况为组织选择未来的发展方向提供参考依据。为了帮助读者更好地理解管理成本核算的目标，公告对涉及的关键词进行了详细的解释。

第三部分"管理会计师的职能"主要阐述了管理会计师在搭建和实际使用管理成本核算模型时需要承担的职责，同时还对管理成本核算的范围进行了界定。公告认为管理会计师在此过程中最主要的职责是提供信息，这些信息主要包括客观反映资源供给和使用情况的成本信息、对制定或优化决策有帮助的建议，以及资源投入与信息产出之间量化因果效应的模型等。

第四部分、第五部分主要介绍了管理成本核算和信息使用的相关概念。公告首先阐述了管理成本核算的原则，认为在管理成本核算模型的设计、实施和应用过程中必须遵循因果和类推这两个原则，并且该模型可以通过非货币和货币两种形式来满足管理者的信息需求。接下来，进一步概述了成本核算建模的组成模块，为后续建模奠定理论基础。此外，还讨论了信息的类型和特点。基于前文对管理成本核算和信息使用概念的论述，公告进一步讨论了对管理成本核算和信息使用产生限制的因素。与管理成本核算建模相关的概念受到五个因素的制约，分别是客观性、准确性、可验证性、可计量性和重要性；信息使用概念受到两个因素的制约，分别是公正性和一致性。

第六部分"管理成本核算概念框架的应用"针对组织管理者搭建管理成本核算模型的每个环节给出全面的指导。公告强调在设计模型时必须关注当下，以时间、地点、条件为转移；提出了通过"六步法"来设计和构建成本模型，分别是确定资源及成本、确定管理目标、了解因果关系、设计因果关系的量化模型、描述模型以及模型的应用和维护。接下来，进一步阐述了在应用模型时会遇到的问题，并提供了解决方案，还就如何识别可用成本信息进行了解答。最后，给出了评估和替代现有成本核算方法的具体操作步骤。

对于任何一个组织而言，无论其规模大小、公司性质、所处地域有何差异，只要当内部管理者希望能够优化决策制定过程以实现战略目标时，本篇公告提供的概念框架就能为他们提供一定的帮助。

四、借鉴意义

改革开放 40 多年来，随着我国社会经济的快速发展，我国经济增长方式也逐步从粗放式向集约式、从数量型向质量型转变。我国经济管理也逐步由传统感知型向科学化、精确化的数字管理型转变，对企业管理工作的精度和细度要求也随之不断提高。本篇公告为内部管理者提供了优化决策的实施指南，为其在建立、应用及评价管理成本核算模型方面提供了更全面、更广泛的视角，也为我国企业实施精细化的内部管理提供了指导性意见。除此之外，公告也对我国管理会计从业人员的职业素养提出了更高的要求。

开发有效的管理成本核算模型

关于作者

IMA下属的管理成本核算工作小组致力于：(1) 让业界更好地认识到许多组织在成本核算的实务操作方面存在不足；(2) 缩小质量管理成本核算模型以及解决方案供需之间所存在的差距。为此，工作小组成立了"管理成本核算质量中心"(www.thecmcq.org)，以期：(1) 将管理成本核算确立为会计领域的一项具体职能和学科，而管理成本核算原则和要求与外部财务报告所采用的原则和要求截然不同；(2) 开发工具以帮助组织评估和改进自身的管理成本核算系统；(3) 就组织如何通过利用更好的成本核算系统来提高决策质量提供指导；(4) 吸引业界更广泛的关注，提高它们对于设计和实施更好的成本解决方案的重要性的认识。

工作小组的成员包括：瑞夫·劳森（Raef Lawson，组长）、加里·柯金斯（Gary Cokins）、道格·希克斯（Doug Hicks）、基普·克鲁姆维德（Kip Krumwiede）、蒙特·斯温（Monte Swain）和拉里·怀特（Larry White）。

一、引　　言

管理成本核算仅供组织内部使用，以确保决策制定所采用的信息反映了组织在资源和运营方面的特征。管理成本核算不同于管理会计，后者是一种深度参与管理决策的职业。此外，管理成本核算也不同于成本会计，后者是出于外部财务报告或监管目的而对此成本进行计量和报告。

过去50年来，尽管商业环境发生了翻天覆地的变化，用于收集和分析成本数据的技术有了显著的发展进步。但时至今日，许多公司所采用的管理成本核算操作方法与10年前，甚至50年前没有太大差别。为重大管理决策提供支持的成本信息仍然是适用于财务会计的最为简单的成本模型——这些成本模型未能考虑当今环境中运营活动的复杂性。

如果组织希望自身能够繁荣发展并不断壮大，就不能再依赖于外部导向的财务会计系统来提供高质量业务决策所需的内部会计信息。财务会计所采用的产品和服务成本核算方法过于简化，会错误表述并曲解内部决策所需的关键成本指标（例如，为行为模式截然不同的客户或分销渠道提供服务所需的成本）。

面对如此众多的商业工具以及热门潮流，管理者如何决断哪些成本核算方法适用于自身所在组织？对致力于实现自身特定战略及结构的某个特定组织而言，行业最佳实践未必适用。大多数组织缺少一套明确的原则、概念和步骤来制定与组织战略相符合、与竞争环境相匹配、与管理目标相契合的恰当的成本核算模型。

本公告侧重于成本建模，成本建模是建立有效的管理成本核算系统以满足组织需求的基础所在。组织需求包括运营成本控制、财务规划和分析（FP&A）、定价决策、差异分析、产能管理、成本模拟等，所有这些活动均依赖于可靠的成本模型。

尽管本公告确实对组织在开发出适合的成本核算模型之后，识别和实施正确技术和操作的方式方法进行了讨论，但其探讨的并非如何选择恰当的技术或信息系统。组织当前所使用的技术和软件不应左右管理成本核算模型。相反，管理成本核算模型应反映组织的战略目标以及组织对自身运营的深刻理解。

本公告以美国管理会计师协会（IMA®）另一篇公告《管理成本核算的概念框架》（CFMC）[①]为基础，阐述了一个"六步流程"，组织可以利用该方法来开发出适合的成本核算模型，并服务于公司管理人员和员工的经济决策。我们使用术语模型来反映业务运营之间的因果关系，其中包括一些原则和概念，它们最准确地反映了资源和运营的相关行为以及这些资源是如何消耗并形成产出的。我们使用术语系统来描述如何实施和使用成本核算模型。成本核算系统应该以成本模型为基础，这正是本公告的核心所在。

二、"六步流程"概述

为了改进管理成本核算模型，组织应针对自身的管理成本核算系统展开初步评估，开发能够满足自身需求的成本核算模型，然后根据自身的战略、运营目标以及决策需求来具体实施这一系统。组织可以通过以下六个步骤来完成这项工作：

第一步：快速评估现有成本核算系统的有效性。
第二步：分析组织的战略和商业环境。
第三步：考虑管理成本模型的概念。
第四步：对组织现有的管理成本核算实践进行评估。
第五步：为组织的成本核算模型设计适当的精细度。
第六步：在整个组织内实施新的成本核算模型。
下文将针对上述各个步骤逐一进行阐述并推荐相应的策略和工具。

（一）第一步：快速评估现有成本核算系统的有效性

快速评估的目的在于评估组织成本核算系统的充分性以及进一步开发系统的必要性，而后围绕开发更有效的成本核算系统的必要性，尽早获得高层管理人员和其他决策者的认可和支持。对于设计和实施更完善的管理成本核算系统而言，高层管理人员和其他决策者的认可和支持是至关重要的。

通过回答表1中与组织成本核算系统有效性相关的8个问题，组织能够快速完成初

[①] Larry R. White and B. Douglas Clinton, *Conceptual Framework for Managerial Costing*, IMA, 2014, www.ima-net.org/insights-and-trends/strategic-cost-management/conceptual-framework-for-managerial-costing? ssopc = 1.

步评估。针对这些问题，组织回答"是"或者"否"，然后将答案为"是"的问题进行数量汇总。虽然组织情况各不相同，但经验法则告诉我们，如果组织有 4 个或 4 个以上的问题回答为"是"，那么，这可能表明组织所依赖的成本模型远远不能满足自身的管理需求。无论具体得分如何，大多数公司都可以通过借鉴本公告来改进其成本模型和成本核算系统并从中受益。

表 1	快速评估成本核算系统的有效性
问题 1：	组织的管理人员是否花了过多时间来讨论为决策提供支持的成本信息的准确性？
问题 2：	组织成本核算的主要目的是否是提供相关支持以便向所有者或外部各方（如债权人和投资者）报告财务业绩？
问题 3：	相较于其他维护力度低得多的客户，某些客户或客户群体是否应被标记为"高维护力度"？
问题 4：	与其他服务或产品线相比，公司是否在某些服务或产品线上更具价格竞争力？
问题 5：	与过去相比，客户目前是否要求组织在其基本服务或产品中包含更多的"附加"服务或定制服务？
问题 6：	自最后一次更新成本模型以来，组织是否已将劳动密集型服务或运营替换为技术密集型活动？
问题 7：	自组织最后一次更新其成本模型以来，间接成本在总成本中所占比例是否显著提高，抑或间接费用（"负担"）比率大幅增加？
问题 8：	组织是否只采用一个或少数几个通用基准来将间接成本分配给服务或产品？（注意：通用基准可以包括用于分配工厂间接费用的生产工时，用于分配支持性间接费用的可计费服务时间，抑或用于分配销售和管理费用的销售金额）

（二）第二步：分析组织的战略和商业环境

管理成本核算的目标是为组织实现战略目标以及优化自身运营提供支持。设计管理成本核算模型首先需要结合组织所处的竞争环境，了解组织的战略重点。想要设计出有效的成本模型，组织必须评估和理解自身的战略，并将其纳入模型的设计和实施工作之中。

1. 战略和战略执行之间的关联

虽然确定和执行战略重点不是本公告的讨论范畴，但我们还是对此进行了提纲挈领的说明。[1] 战略规划的基石是组织的使命、愿景和核心价值。通常，组织首先需要利

---

[1] 关于战略和竞争分析的更多内容，见 IMA's CSCA® (Certified in Strategy and Competitive Analysis) Learning Series and certification, www.imanet.org/csca-credential.

用波特（Michael Porter）五力模型等框架来审视自身所处的外部环境，紧接着实施SWOT（优势、劣势、机会、威胁）分析，然后开展差距分析，用以比对组织想要实现的目标与当前的现状。在这些分析的基础上，组织可以设定自己的组织目标并制定相应计划。有效的绩效衡量系统（包括成本核算系统）能够针对组织目标的实现进度以及战略的有效性提供反馈信息。接下来，我们将阐述组织战略和商业环境分析的基本步骤。

2. 确定战略重点

竞争战略阐述了企业针对他人的竞争方式，换言之，即企业针对客户的价值主张。若想取得成功，公司必须根据三个基本优先事项之一来设定自身战略，否则，就会错失重点、浪费资源。这三种基本战略方法是指成本领先、差异化和集中化。[①] 成本领先战略是通过发展组织的某些成本优势，使组织成为低成本的生产者或服务提供者，从而在整个行业中确立竞争地位。在差异化战略中，组织根据产品或服务的独特特征来确定业内具有价值的客户，而后确立定位以满足客户的独特需求。集中化战略首先需要识别业内某个细分市场或利基市场，然后在服务这些特定的行业细分市场过程中打造低成本优势或差异化优势。

组织的盈利模式建立在清晰的战略重点之上，而战略重点是通过他人无法实现的方式来创造和提供价值。例如，沃尔玛作为低成本供应商来提供价值，而苹果公司通过差异化的技术产品来提供价值，捷蓝航空公司专注于某些航线的低成本价值，而全食超市则针对特定的消费者类型提供差异化服务。在任何情况下，成本都是盈利模式的一部分。对公司战略重点有着至关重要影响的领域往往最需要细化信息。考虑以下战略决策的成本核算需求：

（1）所交付的产品或服务是否是客户想要的产品或服务？
（2）哪些产品或服务最具特色？哪些最有利可图？
（3）对客户服务的重视是否具有成本效益？
（4）哪些客户、渠道或购买时机是盈利或亏本的？
（5）在价值链中，哪些活动最为独特、最难模仿且具有成本效益？

这也是一个绝好时机，组织可以借此分析自身所参与的价值链，并思考与竞争对手

---

① Michael E. Porter, *Competitive Strategy*, Free Press, New York, 1980.

相比，自身应如何与价值链相匹配。① 完成该分析之后，组织需要结合自身的核心竞争力来确定战略目标。针对每个战略目标，组织需要确定可用于监测战略目标进展情况的关键绩效指标以及必要的成本信息。每项战略衡量指标都应予以量化并设置目标。与此同时，组织还应该结合使用领先和滞后指标来判断目标实现与否。附录重点介绍的组织在确定战略重点方面提供了参考示例。

3. 需要考虑的其他情境因素

以下因素也会影响到管理成本核算模型精细度的适当性：

（1）收入和复杂性。较高的收入或预算通常意味着涉及更多的产品或服务，更为复杂的运营以及支持职能，更多元化的客户以及分销渠道。

（2）行业类型。通过分析行业类型，我们可以对组织的商业模式、竞争格局以及所面临的经济因素有一个大体的了解。特别需要指出的是，行业类型还能够指明组织开展运营活动所需的资本投资水平。面临巨额资本投资要求的行业可能需要更为精细的成本核算模型，以便详细了解模型的使用情况并对组织的产能情况做出考虑。

（3）员工人数。员工人数众多通常意味着组织需要更加精细的成本模型，以此来追踪人力资本在创造价值或盈利方面的利用情况和绩效表现。员工所从事的工作林林总总，这意味着组织需要实施更为精细的成本模型。

（4）产品或服务生命周期的长度。生命周期较短的产品或服务需要准确的成本估算和预测。生命周期较长的产品或服务，特别是涉及成本逐年降低情况时，往往需要更为复杂的、与不断修正的战略计划相匹配的成本核算系统。

（5）产品和服务组合及相互依赖性。大规模的产品组合通常涉及精细的成本核算需求，用以评估客户和分销渠道的盈利能力和绩效表现。针对互补性的产品或服务，如果价格或购买行为具有相互依赖性，则会加剧成本核算的复杂性。

（6）竞争的激烈程度。与身处垄断市场的公司相比（垄断市场对效率缺失的容忍度更高），在竞争异常激烈的市场中，公司通常需要更快速地获取更为详尽的成本数据来支持决策。

（7）文化。组织文化、地区文化以及国家文化可以影响到成本计量模型所要求的精细度。例如，与美国公司相比，德国公司倾向于使用更为精细的成本核算模型，而美

---

① 更多的指引，见 IMA, *Value Chain Analysis for Assessing Competitive Advantage*, 1996, www.imanet.org.cn/uploads/resource/2015-11/1447061044-16209.pdf.

国公司则倾向于使用更为简单的成本核算模型，优先考察成本效益。

4. 确定最为重要的决策需求

组织所处的行业、竞争状况、资源、文化和财务状况对于设计成本核算模型并用于支持最优的管理决策而言都是十分重要的。这些方面包括公司的"优化背景"，有助于公司确定管理者所做决策的性质和频率。"优化背景"通过一个参考框架为管理成本核算工作奠定基础，而该框架为成本模型的设计和实施提供指导，以便为管理者提供有效支持。例如，在分销业务中，从运营方面针对接收、挑拣、包装和运输等流程形成深入见解，这对于实现盈利能力的最大化而言是至关重要的。

当决策过程需要考虑变化因素时，管理人员会将当前的运营情况作为参考基准来优化相关决策。在评估备选方案时，通过理解相关方案试图影响和改进的流程中所包含的内在因果关系，管理人员可以获得对未来结果的最佳指导。

基于战略分析以及对当前运营状况的了解，组织需要确定未来的战略和运营决策类型。最终，组织的成本核算模型应该有助于回答对下列关键问题，包括：

（1）哪些客户有利可图以及如何留住这类客户？

（2）哪些客户无利可图？如何将他们转变为盈利客户（抑或让给竞争对手）？

（3）应该推广哪些产品或服务？哪些产品或服务应该采取不同的定价？

（4）哪些市场领域和业务部门的利润最高？哪些最值得追加投资？

（5）促销活动是否会对目标客户产生影响？促销费用是否得到准确追踪？

（6）特定作业或流程是否应该外包？外包是否能够真正降低成本？

（7）替代性资本支出会给长期盈利能力带来何种影响？

（8）如果产品、服务或客户无利可图，是否应该立刻舍弃抑或予以保留直到出现可取而代之的有利可图的产品、服务或客户？

（9）利润微薄的业务可能会如何制约资源，影响到组织日后新增的更有利可图的业务？

（三）第三步：考虑管理成本模型的概念

成本核算模型应该以管理成本模型的基本概念为基础，本节将简要介绍这些概念。如想更加深入细致地了解这些概念，请参阅 IMA 另一篇管理会计公告《管理成本核算的概念框架》（CFMC）。

如前所述，管理成本核算的目标是为组织实现其战略目标以及优化自身运营提供支持。管理成本核算实现这一目标的方式是：

（1）以货币形式来反映企业资源的使用情况；

（2）深入理解过去、现在以及未来经济活动之间的因果关系。

1. 资源的消耗

CFMC 所定义的资源包括人员、机器、信息技术、原材料、可折旧资本资产以及知识产权。管理人员利用组织中的资源来形成符合组织战略的产出（即商品和服务）。从本质上而言，资源被投入流程之中，推动战略目标的实现并逐渐消耗殆尽。准确地反映资源与流程之间的消耗关系，这对于为基于战略目标所制定的决策提供支持而言至关重要。

有效的管理成本核算模型首先以量化方式可靠地反映组织的所有资源。透过资源成本建模视角，通过相关计量和计算（包括费率），组织能够了解资源在为产品或服务生产提供支持的过程中消耗的具体情况。资源消耗和所形成产出的相关货币信息对于有效管理组织而言是十分关键的。

2. 因果关系的关键作用

因果关系是管理成本核算的基本概念。管理成本核算模型的设计、实施以及使用都应基于因果关系原则。因果关系涉及获取、理解以及量化运营过程的因果关系以及其给整个企业带来的货币影响。区分因果关系与相关性之间的差异是非常重要的。例如，两个变量可能行为表现相似（即它们是相关的），但它们可能并不具备因果关系。

优化决策需要运用管理成本核算，通过分析因果关系来为规划、模拟、计量和分析工作提供支持。例如，组织应该围绕因果关系来构建成本核算模型，并利用该模型来支持组织现有战略计划的相关决策。具有适当架构和细节的模型可以更好地推动管理人员制定与战略计划相关的前瞻性决策。

在开发成本核算模型时，组织应该首先着眼于那些用于开展运营的资源。在组织中，大多数管理人员会针对资源和流程（例如是否外包某个产品）做出决策，进而影响到成本。因此，组织必须归集和反映用于内部决策的成本，以便准确描述资源和流程对成本的影响。如果资源与成本之间不存在因果关系或因果关系很弱，那么，组织必须以反映经济现实的方式来加以处理。

CFMC 明确了组织在创建基于因果关系的管理成本核算模型时应加以考虑的 10 个

关键概念。本公告利用 CFMC 中所包含的概念来评估组织现有成本模型所提供的具有因果关系的信息为决策制定提供支持的情况，然后确定需要改进的领域。表 2 列出了支持因果关系的 10 个概念及其定义。关于概念更为详尽的讨论，请参阅 CFMC。

表 2   支持因果关系的建模概念

概念	说明
1. 资源	成本核算系统应涵盖组织各项成本的来源，即组织已经获取并用于（或可能用于）创造价值的资源。这些资源包括人员、机器、机器人、信息技术、原材料以及内部开发的知识产权
2. 管理目标	管理目标是管理层希望通过利用组织可支配资源来实现的特定结果或成果。目标是建立一个管理成本核算系统，为管理层实现战略和运营目标提供所需的全部信息
3. 成本	成本是一个货币计量指标，反映了实现特定的管理目标而消耗的资源或形成的产出，抑或为获取某个资源或其产出（无论相关资源是否得到使用）所支出的费用
4. 同质性	是指所消耗的一个或多个资源或类似技术或技能投入所具有的行为表现，即成本能够以相同的因果关系或动因以大致相同的方式加以解释
5. 可追溯性	这是资源或成本投入单元所表现出的特征，能够根据特定的管理目标，在可验证的交易记录基础上对资源或成本投入单元加以识别
6. 产能	是指资源发挥自身作用的潜能。产能描述了资源为实现管理目标而做出贡献的能力极限
7. 作业	作业指标阐释了为实现管理目标，资源参与特定作业活动或业务流程所形成的特定产出。针对作业进行建模的能力为管理人员提供了所需的决策支持（例如，用于流程改进）
8. 响应性	这一概念反映的是因果关系的性质，相对于产出而言，这种关系可以是固定的、成比例的，抑或两者兼而有之。在理想情况下，成本模型应反映成本对产出的响应性，以便获得准确的边际成本信息
9. 归属性	归属性定义了如何识别薄弱的因果关系以及非因果关系并进行建模。如果成本是根据紧密的因果关系进行分配的，在实际因果关系薄弱的情况下，相关成本可能会扭曲成本信息并使管理决策大打折扣
10. 数据集成	运营和财务数据都应易于获取，能够加以汇总，进而形成各种不同的观点。这一概念所涉及的主要方面就是整合信息的及时性和可用性

（四）第四步：对组织现有的管理成本核算实践进行评估

第一步是组织通过审视成本核算系统的结果来快速评估成本核算系统的有效性。第四步则进一步深入，审视成本核算系统本身、该系统的精细性以及如何为一系列决策需求提供特定支持。对成本核算系统进行检测的最终结果就是确定需要改进的特定区域。

1. 确定现有的成本模型实践以及精细度

第四步首先明确现有管理成本核算模型的相关细节。这一工作需要收集组织成本核算实践及其精细度的相关信息。表3根据9个特征及精细度区分并列示了常见的成本核算实践。这一列表并未试图详尽罗列所有情况，组织可以根据需要添加其他实践。该工作的目标是根据每个特征确定现有精细度，而后在第五步中，利用管理层决策需求来确定所期望的精细度。

表3 根据特征和精细度来区分常见的成本核算实践

特征	较低 ← 成本核算系统的精细度 → 较高				
1. 产品成本包含哪些内容	直接材料以及完全分摊的所有其他费用	直接成本	变动成本	上游开发成本	生命周期成本
2. 直接成本的追踪层级	价值流	部门（流程成本核算）	混合工种和部门（运营成本核算）	工作层级	基于资源的成本中心层级
3. 间接成本的追踪层级	企业整体层级，具有通用的分配基础	部门层级	资源（时间驱动作业成本法）	作业活动（作业成本法）	基于资源的成本中心层级
4. 用于分配或分派间接成本的指标类型	基于数量	基于交易	基于久期		基于强度（考虑到不同的技能水平、技术等）
5. 标准成本的使用层级	实际成本核算	正常成本核算	企业层级	部门层级	基于资源的成本中心层级
6. 分离固定成本和变动成本	没有分离	与最终产出相关	部门层级	详细的成本中心层级	基于资源的成本中心层级
7. 计量未利用产能的成本	没有计算	企业层级	价值流或部门层级	作业活动（使用作业成本法）	基于资源的成本中心层级
8. 差异分析层级	未曾使用	企业层级	价值流或部门层级	作业活动层级	基于资源的成本中心层级
9. 重置成本折旧方法的运用范围	未曾使用	企业层级	价值流层级	部门层级	资源层级

在实施第四步时,一个好的着手点就是要求熟悉成本系统的财务部门成员根据表3所列示的每一个概念,对组织现有的成本核算模型展开独立评估,然后努力达成共识。在财务部门达成共识之后,来自组织各个业务领域的调查成员就成本模型与自身领域业务活动的匹配程度形成各自的意见。目标是有效地分析现有成本模型,了解成本模型是否以货币形式合理地反映了组织资源、流程、产品、服务项目、销售和分销渠道以及客户资源消耗情况。仅通过这一步,组织就可能发现改善其成本模型相关性和影响力的重要方法。

组织还可以采用其他行动项目来完成第四步,其包括:

(1) 针对公司的各项运营(如资源和流程)绘制流程图。

(2) 促使高管人员召开研讨会,以确定"通过哪些因素来推动组织取得成功",而后确定组织需要哪些成本指标来为关键的成功驱动因素提供支持。

(3) 确定现有的信息系统可以提供哪些成本指标。

2. 评估成本核算模型对决策需求的支持程度

现阶段是组织审视现有成本核算模型是否发挥应有作用的好时机。针对成本核算模型的各个方面,组织可以提出以下问题:

(1) 它是否反映了组织运营活动的复杂性?

(2) 在组织整体范围内,非财务部门的管理人员是否将它积极运用于决策?

(3) 它是否支持前瞻性的活动,例如情景分析、规划和模拟?

(4) 它为决策提供了哪些具体的支持和帮助,特别是在组织战略方面?

(5) 它是否会引发运营管理人员做出异常行为?

若想获取如何评价管理成本核算实践的示例,请查阅本公告附录所记载的组织案例。

3. 确定需要改进的领域及其优先顺序

在评估成本核算系统对决策需求的支持程度之后,组织应思考成本模型的各个特征,并根据其对业务的影响,对所发现的问题或关注点进行排序。此时,组织无须忧心现有系统或员工纠正缺陷的能力。该阶段的目标是确定现有成本模型最需要弥补的重大缺陷。

(五)第五步:为组织的成本核算模型设计适当的精细度

第五步是为组织的成本核算模型确定适当的精细度。我们使用"精细度"这一术语来描述成本核算模型的精细程度并使用"复杂性"这一术语来描述运营活动的性质。我们强调，管理成本核算应该尽可能精细，从而反映运营活动以及需要做出的运营决策的复杂性。

如前所述，并非每个组织都需要达到表 2 中的 10 个建模概念所界定的最高级别的精细度。在商业模式相对简单的组织中，成本管理简单明了。而利润率较高的组织可能在战略方面更多地关注收入增长而非成本计量和管理。在另一方面，具有复杂的多层级商业模式的组织会涉及大量的内部交易，这些组织通常需要精细的成本核算模型。虽然大多数组织面临的竞争格局和经济形势各不相同，并且这种差异性还在进一步加剧，但下文所列特征（见表 4）仍为组织提供了相应的指导，帮助它们确定自身成本核算解决方案所需具备的精细度。

第五步的目标是针对 10 个建模概念，为既定组织确定恰当的精细度。然后形成框架，并在该框架范围内选择和实施第四步所阐述的实践活动。表 4 可以作为一个实用的模板，针对表 2 所介绍的 10 个建模概念，帮助组织逐一确定适当的精细度。

通过比较现有精细度与期望精细度，组织可执行"差异分析"，这有助于提供指导并指明具体的改进机会。请注意，第五步的重点是确定最适合于组织的成本模型设计。设计成本模型包括以下五个阶段：

1. 确定组织现存可用资源

组织需要了解每种资源的内在特征，首先要了解管理人员所监督的实体以及所做出的相关决策。具体而言，成本模型需要立足于对每种资源的量化产出（例如，机器小时、烤箱旋转次数、建筑面积等）、产能以及消耗行为特征的清晰了解。资源的消耗行为（即如何使用资源）可能与组织的产出成比例，或者保持固定使用量，抑或二者兼而有之（这就是响应性概念）。

在数字（互联网）行业中，许多像优步（Uber）和爱彼迎（Airbnb）这样的公司采用了基于平台的商业模式，这种模式不需要重大的运营资产——至少不是传统意义上的运营资产。数字公司的许多资源都是无形的，例如数据、系统、市场关系和品牌。在这种情况下，组织需要考虑知识产权（IP）的所有权归属以及将知识产权用作固定用途资源产生的成本情况，这一点尤其重要。另外，组织需要牢记管理成本核算信息是受因果关系和经济现实影响的，而不是外部财务报告规则。组织应构建运营模型和生成成本信息，以满足自身特定业务和成本建模的需求。

表4 针对10个建模概念逐一确定精细度的标准

CFMC概念	特征	0. 并不具备	1. 仅限于外部报告	2. 简单	3. 精细度低	4. 精细	5. 精细度高
1. 资源	资源的详细信息得以计量和建模的层级	资源未经计量	资源按总账科目进行分组。成本池的定义非常宽泛，对于决策而言，并非完全有用	资源按职能成本池（如部门或业务流程）进行分组	组织可以获取关键流程领域（如高成本子领域）的详细资源成本	在具备相对同质的资源分组来定义产出计量化指标的组织中，大多数领域进行了详细分组	在组织的所有领域内，资源被分组到各个同类资源池中。这些资源池具备一个产出量化指标，记录了所有投入人数量，以形成一个覆盖范围组织整体范围的计划产出及成本网络
2. 管理目标	所界定管理目标的层级	实际上没有设定任何管理目标	仅仅对广义定义术语来定义目标（例如，SG&A、产品、业务单元）	仅针对较高成本领域，将成本分解或各个责任中心，未与成本与货币计划或预算编制整合起来	将目标分解到各个责任中心，但上与货币关系的部门进行了一般性整合	通过数量和货币表示，将主要因果关系与资源关联起来的目标，较低层级的目标未全面开发出来	目标的定义与所有战略目标保持一致。管理目标在数量和货币两方面，能清楚地与可追溯的、支持因果关系的资源关联起来
3. 成本	资源、流程、产品或服务的量化因果关系指标与货币计量指标关联起来	总账科目对成本进行高度汇总，未将定资源产能和产出关联起来	仅仅按照财务报告的合规要求来分配成本，基本上未将间接成本分摊为直接成本	成本划分为直接成本和间接成本两类，同接成本按单一的同接成本分摊率和基于数量的成本动因关系进行分配	高成本领域具有更好的因果关系模型，采用基于数量的分配率。闲置产能配置的成本不会作为一个单独的项目进行报告	采用数量和非数量成本动因并结合成本的分配率。该分配汇总了闲置产能的成本方面已报告能的成本指标	定量因果关系是所有成本分配的基础。使用基于资源的产出指标，追踪和报告闲置产能
4. 同质性	资源成本池的同质化水平	除作为费用或资本化资产外，不对资源进行分类或成本分组	大型成本池非常笼统，主要用于外部报告	仅针对成本较高领域，将成本分解到各个部门或责任领域	针对特定责任领域，对关键流程领域的资源池进行详细分类	针对具有相对同质分组且通常由同一动因驱动的大多数责任领域，对资源池进行详细分类	针对具有相对同质分组且通常由同一动因驱动的所有领域，对资源池进行详细分类

续表

成本系统的精细度

CFMC 概念	特征	0. 并不具备	1. 仅限于外部报告	2. 简单	3. 精细度低	4. 精细	5. 精细度高
5. 可追溯性	作为产出和投入的资源流数量时，能够追踪资源数量成本经流程的流动情况	根本未将成本追踪至产品或服务	大多数直接生产或服务成本都可追踪至产品或服务。同接成本由公司或价值流进行汇集并分配给产品或服务	一些间接生产或服务成本可追踪至产品或服务，而其他成本可追踪至流程或部门	针对成本较高的领域，间接费用可追踪至产品或服务；其余成本由流程或部门进行汇集。一些销售和管理成本可追踪至产品或服务	大多数间接费用可根据交易数据进行追踪，然后管理目标进行追踪。将关键管理目标的资源消耗不可追踪分配给一般的业务维持目标	利用交易数据来追踪资源使用情况。成本根据管理目标进行分配。由于因果关系较弱而不可追踪，将资源消耗不可分配给相关的业务维持目标
6. 产能	已利用产能和闲置产能得以识别，计量和核算成本的程度	根本未追踪资源利用率，也未在成本核算中予以考虑	只在最低限度上追踪资源使用情况，但在核算服务成本时未予以考虑，导致只能根据单一的产能指标来实施完全吸收成本法	使用了一些产能指标，但财务部门仍然使用完全吸收成本法，提高了产品和服务的全部产能成本	运营指标提供了一些有关资源利用情况的深入分析。可以相对于正常或报告产能过剩闲置产能	在计算资源成本率时，可采用两个分母（理论产能和计划产出）。从理论上而言，可在内部报告中分开报告运营和闲置成本	在计算成本率时，可采用两个数用分母（理论上的产能和计划产出）。从管理和财务角度来明确界定运营产能和闲置产能，并在内部予以强调
7. 作业	衡量资源所完成的作业或活动类型	作业根本没有得到衡量	不是按资源来衡量作业或活动的类型。最低标准成本用于满足财务报告要求	根据资源对业务人员完成的特定计量，做了一定作业，但用于财务方面	根据基本活动，而不是资源来计量作业。利用有关活动成本分配或总账中的变动成本或固定成本	在更为详细的活动层级，对作业进行计量（固定成本），比例成本，将作业最终集生产线和支持活动的成本对象	在详细的资源层级，也可以对作业进行计量。在运用对象概念时，坚持对作业运营和因果关系，响应产性以及产能分析

续表

CFMC 概念	特征	成本系统的精细度					
		0. 并不具备	1. 仅限于外部报告	2. 简单	3. 精细度低	4. 精细	5. 精细度高
8. 响应性	按比例或固定的方式追踪资源消耗关系的性质	未能追踪资源消耗的性质	整合成本池，并作为变动成本分配给最终的产品或服务，但不考虑资源消耗的性质	追踪一部分固定成本和变动成本，仅限于有限的资源消耗类型	固定成本和变动成本按照它们与最终产出的关系来进行追踪。同间接成本组织成固定成本池和变动成本池	针对价值链的中间产出，可以更加准确地追踪资源消耗的固定或比例性质。可在活动层级衡量消耗	在整个价值链中，可针对每种资源的投入和产出，准确地计量成本的固定或成比例性质，从而能够为价值链任一环节的决策提供多层次的贡献边际
9. 归属性	如何针对弱因果关系进行建模	总账科目对成本进行高度汇总。未考虑因果关系	成本池非常笼统，仅仅按照财务报告要求的范围进行分配，未评估因果关系	将间接运营成本分配给部门或流程成本池，并按部门费率进行分派	以减少成本扭曲的方式按成本分配关系，但因为折旧方法和过剩产能成本的关系，扭曲仍然存在	将因果关系计入大多数成本，其中包括非运营成本，如客户服务和市场营销。不会将未利用的产能和重置成本折旧分配给产品	强因果关系是所有成本的分配基础，不存在意成本分配。在成本方面的改善得到了清晰反映，运营方面的重置成本折旧或资本补贴
10. 数据集成	运营和财务数据的集成程度	非常有限，用于财务、运营、销售、客户服务、采购等领域的系统未能实现协调统一	总账是所有成本的来源，财务数据除外，运营数据未用于成本核算	未能整合简单的财务运营系统，财务部门数据仅是为了进行专门研究	有效的运营数据主要由运营部门的管理层使用。在财务系统层级，很少总账数据进行整合，或者根本没有整合	管理成本系统与运营成本系统主要支持数据随时可用	管理成本核算实现了全面集成，并不局限于财务报告的需求。成本模型与管理决策所使用的运营数据相同

2. 确定现存资源所支持的管理目标

在理想情况下，成本模型能为整个组织的管理目标和预期结果提供支持。围绕因果关系形成的有效见解和相关成本信息能够让管理者实施规划和控制以及采取纠错和适应性措施。

管理目标可分为三个层次：

第一层次：资源的产出，其中包括涉及作业和流程的资源池。

第二层次：产品和服务，其中包括生产订单、客户服务以及项目。

第三层次：细分结果，其中包括实体层面（例如工厂、业务单元和法律部门）、细分市场和目标市场目标。

建模过程中使用的特定管理目标是由管理人员的规划、数据分析、决策活动以及组织战略目标的内在优化需求所决定的。

3. 从定量的角度来理解投入和产出之间的因果关系

正如第一层次管理目标所言，资源通常存在于一系列因果关系之中。资源是在实现中间管理目标的过程中，用于形成产出的投入，或者它们可以提供最终业务产出并直接带来收入。为了实现有效的管理成本核算，会计师必须了解这一连串投入、中间产出和最终产出并构建清晰的模型。该模型捕捉组织的因果关系，并通过成本核算系统作为资源使用和成本分配的基础。

针对这一连串复杂的投入、中间产出和最终产出，组织若想成功地构建模型，会计和财务人员就必须了解企业自身并与其他部门使用相同的语言。为了实现这种了解，组织可以采取以下一些方法：

（1）制定轮岗计划，让管理会计人员参与运营活动（反之亦然）。

（2）培训员工，让其了解运营活动在成本模型中是如何反映的，以便他们能够识别存在于组织范围内的关系。

（3）为财务人员提供"软技能"培训，让他们能够与其他业务领域的同事进行有效沟通。

4. 设计一个能反映组织资源、管理目标以及两者之间因果关系的成本模型

在了解了组织之后（包括组织的目标、管理人员的需求、资源、作业和产出），下一阶段任务就是设计一种充分展示资源与其消耗之间关系的方法，并通过量化的投入 –

产出关系来进行列示。首先，组织需要了解管理人员所需做出决策的类型，这一点至关重要，同时要记住，不同目标可能会涉及不同的成本。若想设计一个成本模型来捕捉资源、管理目标和因果关系，组织需要回答以下问题：

● 为了支持管理人员将要制定的一系列决策（战略和战术决策），组织在管理成本核算方面有哪些需求？

● 是否具备可随时用于常规分析的重要信息？抑或是否经常需要开展专门研究？

● 针对组织最重要的运营和战略需求，所建议的管理成本核算模型是否能够提供决策依据？

10 个建模概念（见表 2）可用于进一步探究涉及组织成本模型设计工作的更为具体的问题：

（1）资源：是否需要具体了解资源？对资源的分组、列示是否充分？

（2）管理目标：管理目标是否与之前确定的具体战略措施和目标相互关联？

（3）成本：在组织结构框架内，需要对组织资源、产能以及货币价值计量的实际产出之间的关系理解到何种程度？

（4）同质性：是否存在一种或多种资源、类似技术或技能的投入是以大致相同的方式被相同的因果关系（或动因）所消耗？

（5）可追溯性：可验证的交易记录是否可用于支持管理人员制定战术和战略决策所需的数据？

（6）产能：了解产能限制何时会受到挑战以及有哪些方案可用于解决产能限制，这对于管理人员而言到底有多重要？了解生产性、非生产性和闲置产能的资源成本是否重要？

（7）作业：管理人员是否需要具备为组织流程建模的能力，以便将作业活动直接关联到正在使用的资源？

（8）响应性：管理人员是否需要了解流程所有层级的固定成本和比例成本，以便能够做出投入改进资金、设定特殊订单定价、制造或购买特定产品或服务产能等方面的决策？

（9）归属性：未根据明确的因果关系来分配成本会对决策造成怎样程度的影响？

（10）数据集成：如何才能将组织的运营和财务数据整合在一起，以便能够反映资源、流程、产品或服务以及相关的管理决策？

在整个设计阶段，组织应考虑模型的维护问题。这项工作包括权衡为特定资源池获取信息所面临的约束条件以及所需付出的努力，这些可能取决于数据所处的位置和可供使用的频率。保持模型的最新状态是确保持续向管理者提供相关信息的重要组成部分。无法进行持续维护是先进的成本核算系统面临的主要障碍。如果成本模型需要大量额外投资来进行更新和维护，那么，它将难以保持最新状态和发挥有效作用。因此，开发一种可以进行有效维护的模型非常重要。

5. 对模型进行说明，内容包括模型的范围、预期用途、所需投入、产出以及基本假设和限制因素

至关重要的一点是，成本信息的使用者不仅需要了解构建组织成本模型时所使用的基本假设，还要了解模型存在的局限性。例如，如果使用了财务折旧，那么，使用者应该认识到，由于财务折旧与资产的实际经济寿命之间存在差异，这些折旧计划会发出与产品生命周期的盈利水平不一致的信号。通常，随着资产的折旧，产品或服务的成本将被高估。而一旦资产提足折旧之后，产品或服务的成本将被低估。

（六）第六步：在整个组织内实施新的成本核算模型

在设计具备适当精细度的成本模型来捕捉运营方面的因果关系之后，最后一步就是在整个组织范围内成功实施成本模型。与其他任何重大变化一样，这个过程必须得到妥善管理。组织需要解决的问题包括推广方法、技术投资、组织阻力以及数据的可用性。

1. 对基于一定原则的成本核算方法的引进过程加以管理

管理成本核算方法的实施工作可能十分复杂，并会影响到组织的大多数部门。应用项目管理技术（其中包括跨部门的实施团队）对于管理成本核算计划而言至关重要。否则，项目可能会因为增长要求、范围扩大、久拖不决等因素而面临停滞不前的风险。

与大多数项目一样，管理成本核算计划应该采用阶段性可交付成果的方式来加以划分和推广，这样一来，高管层就可以定期开展评估和批复。如果更为准确的管理成本核算模型能够尽早地提供质量更高的信息，那么，这将带来更为复杂的问题和需求，要求组织进一步深入开展建模工作。项目团队和组织的领导层需要做好准备以满足不断增长的需求，并且应该努力确保整个组织能够受益于质量更好的信息。最好是从小处着手。一次仅针对组织的一个到三个重要领域开展工作，在这些领域中，成本模型的改进可以显著地改善决策制定。利用这些领域的成功示范，逐渐积累经验和强化信心并将运营活动与成本模型关联起来。定期开展评估以追踪和报告模型的不断发展和推进情况，确认

组织的决策支持是否得到加强。

2. 技术和软件问题

组织需要认识到管理成本核算项目的最初步骤不应该包括软件的选择，这一点很重要。即便组织已经拥有了先进的信息系统，组织管理成本核算系统的概念设计也应先于软件备选方案的评估工作。从实际角度来看，系统架构师和管理员通常需要充分掌握他们可用的工具和技术，而这最后可能会提高成本模型最终的精细度。然而，有一点非常重要，那就是在根据现有软件选择来调整实施工作之前，组织首先需要确定"最优的"成本模型。

规模较小的组织可能无法投资于先进的信息系统，但小公司所需的成本核算模型往往并不复杂。因此，规模较小的组织可能会发现适当的成本核算模型可以与现有系统结合使用。

大中型企业可以使用三种主要类型的软件来支持管理成本核算：

（1）企业资源计划（ERP）软件：对于管理成本核算而言，运营、物流以及财务部门所使用的 ERP 系统（具有集成模块的大型软件）可用作成本信息的有效基础。仅用于财务会计和报告的 ERP 系统可能不具备充分开展管理成本核算所需的资源或运营和物流信息。另一方面，诸如制造企业解决方案之类的运营系统是核心运营数据的丰富来源。

ERP 系统的缺点在于它们是业务执行系统，拥有重要的主数据链接和验证机制。这意味着 ERP 系统是关键数据的存储库，但可能并不适合于根据新的或潜在的产品、服务或细分市场因素进行模拟操作。

（2）专业的管理成本核算软件：针对特定的管理成本核算方法，市场上已推出许多专业的软件解决方案。大多数解决方案与 ERP、财务、物流和运营系统实现了整合。多年以来，许多大型的 ERP 软件供应商已经收购了一个或多个此类解决方案的提供商，并将它们的系统吸收整合为独立模块。

这些独立系统的缺点在于它们采用的是以方法为中心的传统做法，而不是基于概念。如今，市场上几乎没有基于概念的系统可供选择。

（3）业务分析（BA）软件：这些软件系统专注于整合整个企业的数据，通常需要打造计算引擎来支持管理成本核算。这类软件非常适合于需求简单的小规模组织或者需求独特且具备自主开发解决方案专业知识的大型组织。此类软件应该允许非技术用户能够从多个来源（包括 ERP 系统）连接大型数据集，开展详细分析并促进数据可视化。

对于着手改造传统信息系统的组织而言，高管层具有正确的愿景是最为重要的因素。高管人员需要了解变革的原因。新系统以及对现有系统的重大改造都需要大量的投资，不仅是初始的技术成本，还包括规划和设计、基础设施、部署、培训和数据安全方面的支出。如果领导层没有坚定的信念，那么，重大技术决策的总体成本以及实现投资回报所需的时间就可能会大大拖延信息系统的落实工作，有效成本模型所需的支持也久久不能实现。[1]

3. 组织对新的管理成本核算系统的接受度

在组织的信息系统中成功设计和实施战略成本模型还必须包括一项投资，以帮助管理人员了解和接受新的决策支持。作为一项决策支持工具，成本核算在管理人员的优先事项列表中可能排位靠后，或者因为改变了管理绩效评估所采用的"规则"而被管理人员视为是一种威胁。针对管理成本核算变革的新举措，管理人员的反应可归纳为：①前期主动性；②拒绝；③愤怒或悲观；④测试；⑤接受；⑥后期主动性。

可以推动组织管理流程变革的三类沟通活动分别是评估（与项目规划相关）、分析（与分析和设计相关）以及采用（开发、测试、实施和支持）。

关于如何实施组织变革的更多信息，请参阅 IMA 另一篇公告《组织运营变革与变革管理》。[2]

4. 可用的成本信息

可用成本信息的关键要素包括信息的透明度、防御性和及时性。透明度意味着使用者了解成本数据是如何计算得出的，以及信息是否反映了运营中的因果关系。缺乏透明度将导致大多数管理人员尽可能地忽视此类成本信息。

防御性意味着财务和非财务人员可以使用成本信息来创建和评估业务案例、解释结果、支持和阐释决策、提出创意。针对特定目的，成本信息所具备的准确性可以抵御财务人员或营运人员带来的挑战。及时性是指成本信息保持最新且随时可用。最新数据或"实时"数据的定义取决于市场的竞争速度。组织可以按分钟、小时或天数来定义实时

---

[1] 更多指引，见 IMA's C-suite report，"Barriers to Change in Information Technology Decisions，" by Kip Krumwiede，2015，www. imanet. org/insights-and-trends/technology-enablement/barriers-to-change-in-informationtechnology-decisions？ ssopc = 1.

[2] Katie Terrell，*Managing Organizational Change in Operational Change Initiatives*，IMA，2015，www. imanet. org/insightsand-trends/business-leadership-and-ethics/managing-organizational-change-in-operational-change-initiatives？ ssopc = 1.

数据，以反映即将和当前正在开展的运营活动。此外，成本信息还必须随时可用。可用性要求组织建立有效的管理成本核算系统，并随时为管理人员和员工生成和提供所需的信息。无论成本研究多么有效的开展，得到了政策和程序提供的多么良好的指导，除非其能够支持持续的计量和评估，否则就谈不上真正发挥作用。

本公告附录以两个不同的组织为例展示了具体的实施工作。

三、结　束　语

尽管技术已经取得了巨大进步，全球市场发生了飞速变化，但大多数公司的管理成本核算要么根本没有完成，要么质量太差而无法为内部决策提供充分支持。尽管会计和财务专业人员越来越多地被要求提供更多的战略分析，但财务报告工作仍然占据了他们的大部分时间。在当今瞬息万变的世界中，大多数组织的成本核算系统都不再切实有效。在成本建模概念和本公告所介绍的六步流程的指导下，任何组织都可以根据自身的决策需求来确定和实施合适的管理成本核算系统。这项工作的目标是围绕给定的组织战略、环境和管理目标，开发出具有适当精细度的成本模型。

如果不具备良好的因果关系成本模型，那么，成本分析将无法在决策方面发挥有效作用，实际上还可能会影响到公司的成功与否。如果成本模型存在缺陷，所反映的内容歪曲了现实，那么，分析建议、定价决策、产能管理结果、运营成本控制、成本模拟等都可能是错误的。改进技术或信息系统都无法消除糟糕的成本模型带来的影响。相反，正确的技术和成本核算系统实践可以支持适当的成本核算模型，让它能够发挥实际作用。

第一步很关键，需要了解组织现有成本核算模型存在的问题。借助表1，快速开展评估是一个很好的出发点，可以揭示传统成本核算模型存在的短板。接下来，一旦确定了成本核算问题，就要分析组织的决策需求，以确定成本模型需要提供的内容。第三步，管理成本核算的核心是因果关系原则，它为重要的成本建模概念（如响应性和可追溯性）提供了支持。借助表2的10个建模概念，组织就可以评估管理成本核算的现有实践并设计出适合的成本核算系统。设计工作一旦完成，成本核算系统就必须以正确的方式加以实施，排除变革阻力，克服技术和数据管理困难，遵循有效的变革管理方案。遵照本文所介绍的步骤，任何组织都可以成功设计和实施有效的管理成本核算系统。

附录 A　案例 1——一家大型的保健组织

Community Health Plan（CHP）是一家大型的保健组织（HMO），在全美多个州开展业务，经营场所位于纽约州北部、佛蒙特州和马萨诸塞州。CHP 在计算几份新签订的托管护理计划（MCO）合同的成本时，通过分析得出的价格与市场价格并不一致。首席财务官（CFO）想弄清楚："我们的成本核算系统是否出了问题？"

CHP 的业务运营覆盖 6 个区域，每个区域都有独立的社区费率结构和不同的产品线。每个区域由 1 名中央服务支持人员提供支持。与其他 HMO 一样，CHP 的主要业务是为会员提供全面的医疗保健服务并按月收取固定的费用。

CHP 开始提供新产品，即 MCO 合同。根据这些合同，CHP 承诺提供行政和医疗管理服务，为客户的医疗保健计划提供支持。根据客户的不同需求，这些服务有所区别，其中包括利用率审核、索赔处理和福利协调等服务。使用这些计划的客户根据自身需求向员工支付的医疗服务费用来自行投保。

第一步：快速评估现有成本核算系统的有效性

1. 在传统的成本核算系统中，CHP 主要根据区域会员数量来分配中央服务成本。
2. CHP 计算多个合同的成本时，其得出的价格与市场价格并不一致。
3. CHP 现有的成本核算系统旨在提供监管部门所要求的报告。它未向管理人员提供有用信息。
4. CHP 根据每个客户的需求提供各种服务，但成本系统无法针对这些服务进行建模。
5. CHP 的 CFO 得出结论，认为传统的成本核算系统所提供的信息并不可靠，企业需要一个改进的会计系统。

第二步：分析组织的战略和商业环境

1. CHP 的愿景是提供出色的综合医疗服务，以满足各个客户的需求。
2. CHP 的战略重点是提供出色的客户服务，针对不断变化的市场环境开发新产品，赢得新的 MCO 合同，执行质量持续改进（CQI）计划。
3. 影响 CHP 的其他因素还包括：所处行业受到严格监管；随着市场要求降低医疗

保健成本的呼声越来越强烈，同时面临其他几家大型 HMO 的激烈竞争，利润率将被进一步压缩。

4. CHP 最重要的决策需求是：

（1）确定哪些产品和客户群有利可图或无利可图；

（2）评价哪种客户获取方法最为成功；

（3）为了满足客户的医疗保健计划需求，确定 CHP 应提供哪些类型的行政和医疗管理服务。

CHP 制定了平衡计分卡来确定自身的战略重点和决策需求。具备了战略目标、衡量指标（包括几项与成本相关的重要衡量指标）以及目标的平衡计分卡如下所示：

维度	目标	衡量指标	具体目标
财务	• 增加收入 • 增加市场份额 • 提高利润率	• 收入增长（%） • 新客户收入（%） • 市场份额（%） • 月度利润率（%）	• 季度为 12% • 季度为 10% • 20%（当前为 12%） • 7%（当前为 5%）
客户	• 提高客户的满意度 • 获取新的客户	• 客户满意率（季度调查） • 客户保有率 • 与客户（潜在客户）召开电话会议	• 季度平均为 90% • 年度平均为 90% • 每月 20（40）个电话
内部流程	• 提高产品成本核算信息的准确性 • 通过激发流程思维来促进 CQI • 保持低成本 • 优化客户获取成本	• 成本系统准确性的主观评估 • 行政管理错误 • 每名会员的行政管理成本 • 客户获取成本的投资回报率（ROI）	• 准确率为 90% • 每月记录在案的错误 < 10 个 • 每名会员每月 125 美元 • 15% 的投资回报率
学习和成长	• 开发新的可行产品和服务 • 提升客户代表和产品经理的技能 • 降低工作量与员工数的比率	• 开发（提供）新产品 • 每位代表的平均培训小时数 • 工作量与员工数的平均比率	• 每年开发 5 种（提供 2 种） • 每位员工 30 个小时的专业后续教育（CPE） • 6:1（目前为 10:1）

第三步：考虑管理成本建模的概念

1. 因果关系的评级为"弱"。现有的成本核算系统主要根据区域会员数量来分配中央服务的成本，但对于中央服务而言，这并不是一个良好的成本动因。

2. 基于 10 个概念来为因果关系建模：

（1）资源的评级为"尚可"。所有成本的来源几乎都包含在财务系统之中。

（2）管理目标的评级为"不合理"。传统的成本核算系统所提供的信息并不可靠，无法为战略重点提供支持。

（3）成本的评级为"不理想"。总账科目对成本进行高度汇总，未将成本与特定资源产能和产出联系起来。

（4）同质性的评级为"低"。大型成本库是基于非常笼统的分类，例如主要用于外部报告的直接成本或间接成本。

（5）可追溯性的评级为"低"。成本不能追溯至提供给客户的产品、服务或作业。

（6）产能的评级为"差"。资源利用率根本没有得到追踪，也未在成本核算中予以考虑。

（7）作业的评级为"差"。由不同管理员完成的作业类型（例如利用率审核、索赔处理和福利协调）未得到衡量。

（8）响应性的评级为"低"。成本库被整合起来并按区域进行分配。未能单独追踪固定成本或比例成本。

（9）归属性的评级为"低"。未能评估因果关系。成本库非常笼统，仅仅按照财务报告要求的范围进行分配。

（10）数据集成的评级为"差"。总分类账是所有成本和财务数据的来源，运营数据未用于财务报告要求以外的成本核算。

第四步：对组织现有的管理成本核算实践进行评估

1. 如何定义产品成本。CHP 将产品成本随意地定义为直接成本加上所分配的支持部门成本。

2. 直接成本的追踪层级。仅在区域层级追踪成本。

3. 间接成本的追踪层级。仅在工厂范围内和中央服务层级追踪成本。

4. 用于分配间接成本的成本动因类型。区域会员数量用于追踪中央服务，但至多被视为基于数量的成本动因。

5. 标准成本的使用层级。未能采用标准成本。客户、产品和区域成本全靠估算。

6. 分离固定成本和变动成本。未对固定成本和变动成本加以分离。

7. 计量未利用产能的成本。未能追踪或计算产能成本。

8. 差异分析层级。仅在区域层级开展分析，并且分析是以预算为基础，而非实际成本。所分配的中央服务成本也包含在其中，但无法衡量实际使用情况。

9. 重置成本折旧的运用范围。没有使用重置成本折旧。

根据这些评价，CHP 确定了新的成本核算系统设计工作的两个主要目标：

（1）获取更加准确的产品成本信息，其中包括针对 MCO 产品的管理服务成本核算框架；

（2）通过激发流程思维以及改变组织财务领导人的观点来推进 CQI。

第五步：为组织的成本核算模型设计适当的精细度

1. 为了实现这些目标，CHP 实施了一个多阶段作业成本核算（ABC）系统。

2. 主要活动可追溯至支持这些作业的资源，并根据不同 HMO 合同、客户和区域的消耗情况来加以衡量。

3. 直接成本追踪至合同、客户和区域层级。间接成本追踪至区域和产品层级，而后将它与运营作业（使用基于交易的具有因果关系的驱动因素）关联起来。

4. CHP 仍然未能区分固定成本与变动成本，但它确实估算了未利用的产能并在作业层级进行了差异分析。

第六步：在整个组织内实施新的成本核算模型

1. CFO 肩负起了推广作业成本法的角色，并在高管层面为新的成本核算系统造势，以便为识别、追踪关键作业和成本动因而获取所需的跨职能部门支持。一些产品经理对这一变革有所抵触，这是因为他们的产品利润率有下降风险。然而，在得到高管层面的支持之后，准确的成本核算和定价有利于实现利润最大化并获取新的客户，这方面的重要性得到了宣传并最终被组织各方接受。

2. 认识到一个基于云的全新综合信息系统对于追踪营运作业及其相关成本而言是必不可少的。

结果

两个系统所提供的产品成本之间存在很大的差异。在传统的成本核算系统中，每个客户的行政管理成本在各个区域之间差别不大，不超过 5%。而在 ABC 系统中，所展示的画面截然不同。就 HMO 产品而言，按区域划分的每个客户的行政管理成本介于组织平均值的 85% 到 121% 之间。就 MCO 合同产品线而言，变动范围为平均值的 53% 到 2592%。

成本核算新系统所提供的信息为 CHP 提供了一个最佳工具，可针对组织向客户提供的 MCO 合同服务进行合理的定价。此外，新的成本核算系统也能更好地支持 CHP 的 CQI 工作，并提供更好的信息来评估组织各个层级的绩效。

附录B 案例2——一家中等规模制造商

XYZ工业（XYZ Industries，以下简称"XYZ"）是一家位于密歇根州东南部的中等规模的合模锻造公司，年销售额为2500万美元，税前收入约为50万美元。在过去几年中，公司管理层成功地提升了产品质量，提高了产品交付的可靠性，这部分归因于内部开发的功能详尽、行之有效的ERP系统。然而，销售和盈利能力并没有随之改进。销售停滞在2500万美元的水平，利润仍然令人失望。

首席财务官具有财务会计和税务背景。最近，通过一位共同的朋友，他认识了一位会计专业人士，后者专门从事管理成本核算——供管理人员和员工决策时使用的成本信息。他们围绕成本核算及其在决策流程中的支持作用展开了讨论，这让CFO怀疑XYZ公司在成本核算方面的做法可能与公司无法摆脱停滞状态有关。因此，他决定以批判的眼光来审视公司的成本核算实践。

第一步：快速评估现有成本核算系统的有效性

XYZ公司的成本核算是以传统的制造成本模型为基础的。在将直接材料和人工成本分配给产品之后，所有的间接制造成本都按直接人工成本的一定比例加以分配。就XYZ公司而言，该比例为495%。在定价决策方面，XYZ公司还按分配给产品的直接材料、直接人工和管理费用总额的20%将一般管理成本分配给产品。评估这些实务操作时，该公司注意到：

1. 现有成本模型的设计受到财务报告规则的左右。该模型旨在评估库存的价值，并根据公认会计原则（GAAP）来计量销售成本。
2. 该模型使用单一的通用基础来向产品分配间接成本。
3. 管理人员花费大量时间来讨论所收到的用于支持自身业务决策的成本信息的准确性。
4. 公司产品的生产周期短，材料含量低，似乎比其他产品更具竞争力。
5. 在过去四年中，制造费用占直接人工成本的比例显著上升（从350%上升至495%）。

通过评估，XYZ公司管理层得出了结论，即他们需要仔细审核公司成本模型的适用性及其支持决策的有效性。

第二步：分析组织的战略和商业环境

1. 在客户（包括原始设备制造商和高端供应商）开始试图减少其供应链所涉及的供应商数量时，XYZ 还是一家规模相对较小的汽车行业供应商。正是在这一时期，类似 XYZ 这样的公司要么通过赢得其他相似规模供应商的业务而获得发展，要么破产倒闭。

2. 价格是买家决定是否与供应商签订合同的主要依据，尽管有些买家的说法恰恰相反。为了赢得业务，XYZ 公司必须具有价格竞争力。

3. 为了具备价格竞争力，公司需要做到以下几点：

（1）了解自身主要流程的成本，以便推动公司识别和利用成本降低的机会。

（2）准确计量单个产品的成本，包括目前正在生产的产品以及未来五年到七年内可能生产的产品。

（3）充分利用数量、组合以及其他经济假设，来规划包括产品成本率在内的组织的成本结构。

（4）了解如何利用新的、更为准确的、相关的成本信息来打造规模更大、更有利可图的业务组合。

第三步和第四步：考虑管理成本模型的概念并对组织现有的管理成本核算实践进行评估

因果关系未能纳入公司的成本模型。现有模型将所有制造成本放入一个单独的成本库中，并利用直接人工成本作为成本分配的基础，而这一分配基础并不是制造成本的主要动因。公司将销售、一般和管理成本（SG&A）汇集在一起，并按所有其他产品成本的一定比例分配给产品。

在基于因果关系的成本模型所定义的 10 个关键概念中，有 8 个概念未在 XYZ 公司的成本模型中得到体现：

1. 管理目标：现有成本核算系统所提供的信息足以满足财务报告，但无法为管理决策提供有效支持。

2. 成本：成本高度汇总为两类，制造费用和 SG&A 费用。这两类成本未能与特定的资源产能和产出关联起来。

3. 同质性：所有制造作业，无论其需要的技术、技能或资源成本如何，都被纳入一个大型的成本库。高成本流程与低成本流程混杂在一起。

4. 可追溯性：使用可验证的交易记录来追踪成本，但所报告的交易与产品对这些成本的消耗之间不存在任何关系或仅有微弱的关联。

5. 产能：根本没有追踪资源的利用情况，而且未在成本核算中加以考虑。

6. 作业：既没有计量为支持制造作业而执行的工作，也没有计量 SG&A，更未将它们分配给正在开展的作业类型。

7. 响应性：未能将成本分离为固定成本和变动成本，也未与各自的动因挂钩。

8. 归属性：未能评估因果关系。成本库非常笼统，仅仅按照财务报告要求的范围进行分配。

10 个概念中的 2 个概念得到体现，但不够理想：

（1）资源：所有成本的来源几乎都包含在模型中。

（2）数据集成：公司 ERP 系统提供了大量的财务和运营数据，但现有成本核算系统仅用于财务报告目的。

通过评估结果，管理层清楚地认识到公司的成本模型需要进行大刀阔斧的变革。然而，该公司规模较小，资源有限，因此需要确定合适的精细度，并结合自身的人员配备和财务能力情况找到实施方法。

第五步：为组织的成本核算模型设计适当的精细度

在设计成本模型的过程中，公司让制造、销售、材料管理、信息技术、人力资源以及总务和财务管理等部门的主要管理人员参与进来。作为一个小组，他们确定了公司运营活动所使用的资源和二者之间的因果关系以及这些资源所涉及的工作流程。此外，他们还确定了成本模型的主要目标：（1）推动流程改进；（2）提供准确的信息以支持报价和定价决策。根据这些目标，对模型的每个设计建议进行评估。如果认为建议对于实现目标具有重要影响，则被采纳；反之，则被排除在外。

这一流程带来了一个更真实地反映企业运营情况的管理成本模型。制造作业，包括增值和非增值作业，被划分到具有相似成本结构的群组：支持生产劳动的费用和作业（例如工资税、健康保险、人力资源支持等）与那些支持非劳动力生产资源的费用和作业（例如折旧、公用事业、维护等）区分开来。这些生产劳动支持成本是人工小时费率所包含的唯一成本，后者用于将直接人工成本分配给产品。

1. 锻压机投产前设置工序所涉及的费用和作业，包括设置期间设备停机所造成的产能损失成本，被分离出来并纳入"每次设置成本"，根据产品生产批量的大小，将设置成本分配给产品。

2. 锻压机根据吨位大小分为 3 组，且机械加工与锻造作业区分开来。根据消耗指标或丰富经验人员做出的估计，将与非劳动力相关的生产费用和作业（例如占用率、折旧、公用事业、维护等）分配给这4个作业中心。随后，将这些成本纳入设备的小时费率中，用于将间接制造成本分配给产品。

3. 分拣和包装零件所涉及的费用和作业被区分开来，并纳入直接人工的小时费率中，用于将分拣和包装成本分配给产品。

4. 零件生产过程中的移动和仓储所涉及的费用和作业被区分开来，并纳入"每次移动成本"之中，用于将这些直接（但非增值）成本分配给产品。

5. 此外，还讨论了材料支持的相关费用和作业。与采购、接收、质量测试、处置和存储钢棒料相关的资源被分离出来，并纳入"每磅成本"之中，用于将这些成本分配给产品。

6. 非材料或制造相关的间接费用与作业包含在"G&A"成本库中，在必要的时候，按"作业成本"的一定比例分配给产品。直接材料成本未包含在这些成本的分配基础之中。

借助这一新的成本核算结构，公司开发出了一种基于Excel的预测性成本模型。该模型可以累积不同数量和组合情景下企业运营的总成本，然后将这些成本转化为"完全分摊"费率，以便核算单个产品和客户的成本。填充XYZ模型所需的财务和运营数据均由公司的ERP系统提供。

第六步：在整个组织内实施新的成本核算模型

XYZ公司决定不改变其日常的成本会计做法。记账工作或财务会计领域不做任何改变。但是，管理层将使用新模型所提供的管理成本核算信息来为决策提供参考。公司挑选并培养了两名"模型大师"——对成本模型的理论基础及其演绎版本（基于Excel的计算工具）有着深入了解的人，在模型用于决策支持时，负责维护和"驱动"模型。此外，公司还将物料清单和工艺流程结合起来，并以此为基础创建了一个基于Excel的产品成本核算模板，让管理人员能够使用模型的成本核算率来计量单个产品的成本。该模板既用于当前正在生产的产品，也用于需要制定报价的产品提案。

借助公司新的产品成本核算模板和成本模型新的"完全分摊"成本数据（这些数据不是根据公司当前的产量确定的，而是根据其实际产能），XYZ管理人员确定了几种亏损巨大的产品。例如，一款大批量生产的驱动小齿轮产品，其售价为9.18美元。该公司认为该产品能带来1.38美元的利润，但实际上，每销售1个单位，公司就会损失0.70美元。在另一方面，新模型和模板还着重指出，该公司最近几个报价未能有所斩获是因为以前的成本核算模型让公司的报价远远高于获取其目标回报所需的报价。在接下来的几年里，公司能够利用新的成本信息来为其核心业务组合储备更有利可图的产品。

公司利用其获取的新能力来执行准确的增量成本分析。公司能够承受几种非核心产品，这些产品在短期内有助于提高盈利，而不会损害到公司以盈利为目的来销售其核心产品的能力。此外，在致力于推行某个项目之前，管理层还能针对增加的设备和占地面积进行准确的建模。令人惊讶的是，当设置工作的执行成本增加而完成设置工作所需的时间减少时，管理人员能够确定 XYZ 公司将实现的总体节约水平。通过缩短设置时间，管理人员能够释放足够的产能，避免在新成本模型采用的最初几年内购买两台新的锻压机。最后，由于对作业和流程成本有了全新的认识，管理人员开展 XYZ 业务的方式发生了根本性的转变。最让人眼前一亮的是生产过程中的移动和仓储成本。一旦该成本被分离出来，管理人员就会找出方法来消除移动作业（及其成本），即通过更多地使用进度模具，移动二次操作让其靠近主要操作，并调整进度安排以便之前的"移动—仓储—移动"作业更改为"仅限于移动"作业。

结果

在采用新的成本核算模型和方法 4 年之后，这家年销售额为 2500 万美元的锻造企业，不仅在供应链合作伙伴的行业"清洗"行动中幸存下来，而且还发展成为销售额达到 6000 万美元的企业。更为重要的是，之前 50 万美元的税前利润增长至 600 多万美元。不可否认，这一成功不仅仅归功于得到改进的成本信息。但是，公司的所有作业都是基于准确和相关的成本信息。如果 XYZ 公司继续使用旧的传统方法来进行成本核算，那么，这些信息将无法获得。

在该案例编写完成之后，XYZ 公司被一家价值 30 亿美元的汽车行业供应商收购。这家小型公司的业绩表现及其管理层掌握的金融知识给新东家的管理层留下了深刻印象，XYZ 的成本核算方法在经营额高达 6 亿美元的大型锻造分部得到采用，而后推广到整个组织。

评论

以"六步流程"开发管理成本核算模型
——评《开发有效的管理成本核算模型》

陈胜群

本篇公告在 IMA 系列公告中可谓别具一格,是不同于一般针对特定方法论框架和机理专项探讨的公告。例如,针对精益成本、目标成本管理、生产能力成本、作业成本等特定领域,就该实践领域的思想和方法要素先予以抽象化提炼,进而给予体系化的搭建。本篇公告直接着力于特别微观的技术实施层面,是成本管理方法论层面之下的但又不属于某一个特定的方法论。既在各种方法论的具体落实中,又与之存在普适性的关联。尽管管理成本核算模型不是居于高位的、具有统率性质的成本核算与管理的一般性方法论,但毋庸置疑的是,本篇公告作为一个聚焦各类方法论并向下收敛的阐释,在当代成本管理实践中具有重要的基础性地位。

一、"实效性"为关键

公告重点突出的关键词是"有效性",更确切地应称为"实效性"(effectiveness),公告的"六步流程"旨在解决管理成本核算模型开发的实效性问题。那么,何为"实效性"呢?

不妨以企业实际运作例子来分析。假如有一家传统制笔工厂,按照单位产品原材料成本、加工费,基于产量和直接工时逐项分配,重要的设备运行成本按照耗费的机器小时分配计列,这样的方法为广大成本工作者所熟悉,也基本具备决策管理方面的实效性。然而,当企业的产品结构变化,例如,由传统的蓝色、黑色笔组合转为蓝色、黑色、红色、紫色和绿色笔等多产品组合时,管理者突然发现,按既定的成本核算模型以成本加成型定价方法,从决策盈利性上讲根本行不通。即按现有核算模型给出的各色产品的成本数据,完全偏离了现实管理的要求。问题出在哪里呢?新加入产品组合的红色、绿色和紫色三色笔，尽管占比有限，但销售会引致企业整体性亏损；即使它们在市场上卖出了略高出于蓝色、黑色笔的市场售价，情形依然如此，而且无法依靠传统成本模型的数据确定新增产品的恰当定价。

问题的症结在于，为新增产品安排班次、转换生产线的成本是一个不可或缺的考量因素。实际操作中，生产红色、紫色、绿色笔之前都必须清空生产线上存放笔墨颜料的大桶，彻底清除之前蓝黑色颜料的残渣后，才能进行新品生产。由旧品向新品的批次转换，所耗费时间长，转换成本也巨大。因此，改造现有的成本核算模型是一个回避不了的选择，即必须将"产品生产批次"这一影响程度极大的成本驱动因子纳入核算模型。从现在的专业观点来看，该类问题借助作业量基准成本（ABC）模型一定程度上可得以解决，但解决的切入点，却凸显了成本核算模型针对的实效性。

公告所阐述的"六步流程"，一定程度上被强调的一个概念是"复杂度"（complexity）。鉴于"实效性"旨在解决"复杂度"问题，因此应当将"复杂度"视为"六步流程"中贯穿始终的核心范畴。上例的产品组合变化在经营现实中极为常见。通常新增产品是一些需求相对有限、往往由于价格相对刚性可以增加企业盈利，但在加工制造上要求专门追加投入的产品。这无疑是一个复杂度提升的问题，但充其量是一种低层次、初级的复杂度。

成本管理面临着各类更为多样性表现的高层次复杂度问题。随着弹性制造系统和计算机一体化制造的日益普及，制造业较之于传统已经有了脱胎换骨的变化，尤其表现在多样化的间接费用占比的大幅上升。更重要的是，随着信息革命新时代的到来，第三产业迅速崛起，掀起了举世瞩目的产业变迁浪潮，各类新商业模式令人目不暇接。管理成本核算模型的实效性遭到了极为严峻的挑战。或者说，对实效性构成威胁的，是远超过产品种类问题的更为广义的复杂度问题。

本公告附录 B 所描述的 XYZ 公司合模锻造公司复杂度情形，类似于制笔工厂，是极其典型的作业成本法应用场景。在充分分析公司的战略和商业环境前提下，案例将机械加工、锻压、分拣、包装、移动和仓储等作业与作业成本的因果性给予了充分的考虑，用"六步流程"来设计模型。通过改造成本模型，充分地识别相关信息，使企业利润有了大幅的增长。

附录 A 则是一个更进一步的例子，体现了复杂度在第三产业的应用。对"社区健康计划"（CHP）这一服务型健康保健组织而言，从深层的决策需求来看，追求其所服务客户的盈利性是其目标。案例呈现的情形与制造业是不是同质呢？从经营的直接表现形式来看，其因经营模式全然不同于制造业，具有显著的特殊性。因而，无论是实体产品生产还是第三产业的服务,盈利性导向目标相同,但因其实现方式所引致的复杂度要求有差异,表现为有形产品与无形服务之间的经营模式差异,以及相关战略定位和决策方式差异,进而导致了为实现实效性而采取的解决复杂度问题方式的不同。有形产品生产中主导复杂度的重要因素是加工流程,尤其是加工流程中的生产准备、批次转换及与之关联的移动作业等,而健康保健组织的复杂度因素则广泛得多。在该案例中,不得不引入平衡计分卡的衡量方法来帮助管理核算成本建模,就是其表现之一。

通过对行业拓展的考察,可以进一步深入厘清相关的概念。"实效性"显然是指公司所需要的决策信息是具有实效的,而实现效果必须建立在对运营活动性质的认识前提下,而这往往与行业特性密切关联,即不同的行业有其不同的营运特性和决策信息要求,呈现为多样化形态的"复杂度"。与复杂度相关联的一个概念是"精细度"(sophistication)[①]。凡精细的通常在一定程度上也是复杂的,但精细度不仅不等于复杂度,而且两者是站在完全不同的维度上看问题的。精细度是指所设计的管理成本核算模型的精细程度,是经营管理的主体性要求。

实效性是目的,解决实效性问题必须立足于复杂度,这是从经营客体上看的。复杂度是形态缤纷的经营活动的现实反映。复杂度的表现,除了有与行业特征、产品和客户特性相关联的多维度资源动因、成本动因带来的决策困境之外,还有受商业模式、市场战略各种力量左右的因素。站在经营主体的角度,解决客体的复杂度的表现,无疑应当依赖于主体对策性的设计思考。这种思考具体体现在管理成本核算建模中,就是具有针对性的精细度。

二、如何使用"六步流程"

公告提出上述相关概念,旨在表明经营者为获取有效的成本决策信息,面临着管理复杂度的严峻挑战。必须为设计一个适当复杂度的系统建立一套有效的对策。IMA 以单一公告整篇阐述的"六步流程",就是这一对策的建设性成果。不妨将"六步流程"理解为解决围绕"实效性、复杂度和精细度"相关概念的六个连贯的问题:

步骤一:大致评估现有成本模型是否具实效性

实效性指主体设计的精细度是否适配客体的复杂度。针对这一问题,提出具体的细

[①] 仅从英文原义看,sophistication 也有复杂性的含义,但这仅仅是从成本技术上而言的,并非运营特性或商业模式意义上的,因为做别样的翻译更易于理解。

节设问来加以评判。如果需要花费大量时间讨论决策支持成本信息的可信性，表明成本模型在应对复杂度上有不足；如果各种产品间竞争差异性很大，表明未考虑差异性的成本核算是不恰当的；如果公司已经是技术密集型企业，表明必然存在复杂度需求；如果间接成本大幅提高，意味着生产经营模式在向复杂度深入转化；如果仅采用少量通用基础的间接费用分配方法，说明公司在应对经营的复杂度上太过草率了。

步骤二：经营战略和决策因素呈现哪些复杂度问题

鉴于战略和商业环境决策与成本决策需求之间关系密不可分，需要有针对性客观性分析。公告从行业特征、竞争战略、组织文化等多个层面表示了决策需求的复杂度问题。直观地看，盈利性是评价复杂度的重要指针。以波特竞争战略理论来表达，通常低成本战略决定了低复杂度，差异性战略则导致高复杂度。

步骤三：决定精细度的内在因果逻辑具体有哪些

在明确经营方式与成本发生之间内在因果逻辑的基础上才具备建模的可能性，公告为此提出了建模的主体性概念思考。《管理成本核算的概念框架》（CFMC）公告中已阐述了相关概念，本篇公告予以重述。在资源、管理目标、成本等10个概念中，响应性和归属性是体现因果关系的核心概念。除有形的人、财、物之外，资源包含了技术、知识产权等价值巨大的要素，产能则指资源的能力极限；可追溯性是指资源与成本间的量化特征；同质性系指具有共同驱动因子的情形。响应性和归属性立足于因果关系的本质，用于确保模型的精细度。

现实经济中，管理成本核算的精细度有极具多元化的表现。姑且不谈像制笔车间、合模锻造公司这类相对简洁、直观的装配流水线，也不说社区医疗服务这类常见的情况，这类产品或服务特征还相对明晰并易于把握。在大量的新兴行业中，情况截然不同，因此需要对建模概念予以明确的界定。

步骤四：现有实践中使用的成本模型精细度是否适配

公告依托上述10个概念，从由低到高的不同层级精细度对现实的成本模型进行研判，研判的原则无疑是现实的精细度是否适配复杂度。公告所阐述的还仅仅是一些通用原则，从响应性和归属性来看，现实管理中面临着众多更高复杂度的情形。具体的研判或评估需要一定的组织措施来保障，评估必须兼顾组织各分部的意见，借助流程图、跨部门研讨会等手段来实施。

步骤五：怎样设计具有恰当适配精细度的成本模型

公告根据精细度的渐次提升，以表列模板的形式提出了管理成本核算的建模框架。该框架同样是通用型规则，与制造业的情形有较高的契合度。鉴于精细度背后的决定因素是复杂度，而复杂度与行业和商业模式紧密联系，因果性表现极为隐性，我们有必要对通用性框架做一定的延伸性思考，才可能设计出有针对性的精细度成本模型。

举例来说，在第一产业，如开发有形资源的煤矿或油田，其复杂度就截然不同于一般制造业。前期勘探成本、现实采矿成本与矿产品的动因关联更为复杂，其管理成本模型针对难于显性归因分摊的开发支出或沉没支出，这必然需要更具精细度的独特设计。如果是海洋勘探业务的石油公司，与矿井类公司在成本细目上又不一样。当今快速增长中的金融保险行业，由于其产出的无形性和成本的或然性，成本的因果性鉴别和追踪更是一个特定的难题。对投资额极其庞大的电信公司来说，资费套餐的直接因果成本可能是零，而涉及庞大供应链的电信网络设备巨额成本根本无法与产品归因联系起来。在生物医药、半导体、软件、旅游、咨询、会计师事务所、运动健身、文化娱乐、广告等行业，困惑我们的成本响应能力问题，同样层出不穷。

步骤六：依靠什么手段来推进实施这一模型

公告提出了组织推广、配套的技术措施及软件选择等相关问题，这里不再赘述。

显然，解决上述六个连贯的问题难以一蹴而就，因为实际上并不存在普适性框架，本篇公告只是给出了富有借鉴意义但仍具一定局限性的初步框架。

三、管理成本核算与财务成本核算的关系

除建模方式之外，关于"六步流程"成本核算建模的前提问题，有必要予以补充说明。诚然，管理成本核算有别于传统的财务成本核算。成本会计所要求的财务成本核算，是依照企业外部相关利益群体的要求而设立的，主要受会计准则要求、监管披露的约束，在实际应用时可能也会兼顾一定的征税规制因素。而管理成本核算则需基于企业决策支持信息的要求，以产品或服务等产出价值最优化的决策为考量。管理成本核算模型与财务成本核算模型的目标指向是不同的，对核算结果的要求也不相同，例如对于产品定价决策问题，根据盈利性要求的决策指向的核算，并不能用于对外成本报告。

然而两者未必是完全割裂的，对于成本计量和分配方法技术的运用，完全可以建立

在共同的逻辑基础上。如以作业驱动作为成本分配归因来追溯成本，只要符合财务会计的客观和合理原则，当今外部审计下同样可给予认定。本篇公告仅指出了两者的区隔，未涉及两者的可能交汇。以广义管理会计的展望性观点，管理成本核算与财务成本核算未必是并列关系，而应视为前者对后者的包容性关系。

针对日益多样化的组织建立成本模型的需求，本篇公告具有实操性的"六步流程"，不仅表明 IMA 对管理会计方法体系具有的独特洞察力，而且体现了重要的未来实务应用指向。

实施作业成本核算

关于作者

IMA 非常感谢 SAS 的绩效管理解决方案经理加里·柯金斯（Gary Cokins）所开展的工作，本公告正是以他的工作为基础的；感谢担任评论员的 IMA 研究工作负责人瑞夫·劳森（Raef Lawson）。同时，我们还要特别感谢安达信（Arthur Andersen）的知识经理兰道夫·霍尔斯特（Randolf Holst, CMA），他在本公告的编写过程中持续发挥着监督作用。此外，IMA 还要感谢管理会计委员会（Management Accounting Committee）的委员为这项工作所做出的贡献。

一、理据——为何关注 ABC？

组织越来越希望了解自身的成本状况以及相应的成本动因。然而，在如何理解成本以及如何区分相互冲突的成本计量方法（如作业成本核算法、标准成本核算法、产量会计核算法、项目会计核算法、目标成本核算法等）方面，组织仍存在诸多困惑。由此造成的结果就是，面对各种成本信息，管理人员和员工会感到茫然，不知道哪些成本才是恰当的成本。通过进一步审视这一问题，我们可以发现，各种成本计算方法之间并非一定会相互冲突：它们可以实现共存、协调和相互融合。

在一个竞争日益激烈的商业环境中，组织努力寻求保持或提高自身的竞争力，为此，它们需要准确的相关成本信息。过去，公司使用会计信息来规划和控制其经营活动，并且假定这些会计信息准确地反映了它们的产品和服务成本（以及在理想情况下，反映了它们的渠道和客户成本）。然而事实往往并非如此。许多公司的成本核算系统对间接成本进行广泛而平均的分配，往往给人貌似"精确"的错觉，但实际上，为决策者提供的是误导性信息。这导致公司的管理人员只能做出次优决策。

传统成本核算系统在成本分配方面过于简单，由此导致间接成本无法获得全面的反映。为了克服传统成本核算系统过于笼统的做法，组织已经开始着手采用作业成本核算（ABC）系统。这些系统以成本模型为基础，追踪分配给产品、服务、渠道和客户的费用（直接和间接费用）。

图 1 说明了引发业界关注 ABC 成本法的一个因素。间接费用正逐步取代直接费用向客户提供产品或服务。当被问及为何会出现这种现象时，绝大多数组织将其归因于技术、设备、自动化或计算机。换言之，组织正在实施自动化来替代以前的手工作业。但这只是解释组织费用类型发生变化的次要因素，而主要原因则是逐渐增多的产品类型和服务项目。过去几十年里，绝大多数组织提供的产品和服务越来越丰富，并且借助的分销和销售渠道类型越来越多。此外，组织一直在为更多的、不同类型的客户提供服务。产品和服务更加差异化、多样化（如异质性），为组织带来了复杂性，从而导致了更多间接费用的发生。费用中的间接费用部分取代了经常性的劳动力成本，这一事实并不意味着组织变得效率低下或官僚化，而是公司向不同类型的客户提供了更多种类的产品或服务。传统成本核算方法存在的问题是，仍然使用分配因素来继续分配金额越来越大的间接费用，而这些因素通常与导致成本产生的原因无关。组织需要跟踪资源的消耗情

况，并基于因果关系将其作为成本进行分配——而这正是 ABC 成本法的作用所在。

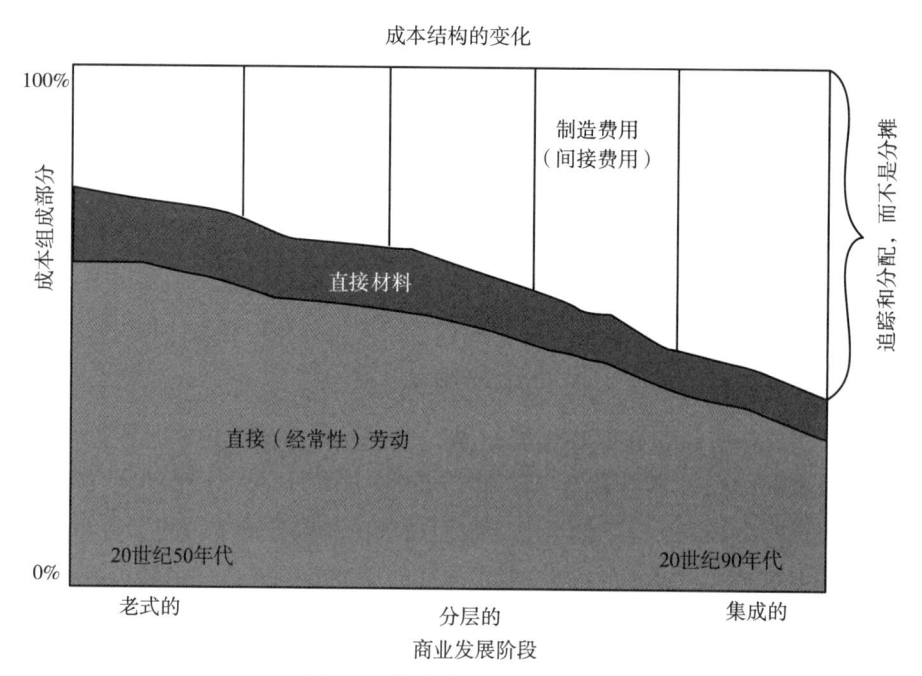

图 1 间接成本取代直接成本

资料来源：Gary Cokins。

我们这里通过一个简单的方法来了解 ABC 成本法的基本原理。假设你和三个朋友去餐馆用餐，你点了一小份沙拉，而他们每人各点了一份菜单上最贵的食物——顶级肋骨牛排。在结账时，其他人说："让我们平摊餐费吧。"你会有什么感觉？你会觉得这不公平。这类似于传统成本会计核算系统针对诸多产品和服务线进行成本计算时的效果，会计师需要处理大量的间接费用并将其作为成本进行随意分配，没有任何逻辑可言。这种处理方式与产品或服务项目各自如何消耗这些费用几乎没有任何关系，这可能导致产品成本发生扭曲。而 ABC 成本法避免了这个问题。在本例中，ABC 成本法等同于提供四张单独账单的服务员——每名客户为各自的消费项目买单。

许多组织不仅仅使用 ABC 成本法来获取更准确、更相关的成本核算信息，它们的步伐迈得更远。对于这些公司而言，关注重点已经从 ABC 成本法转向 ABM 作业管理。这些组织利用它们对成本动因（是指作业的衡量指标；这些衡量指标是导致成本发生的原因）的了解来改善运营状况。组织凭借对自身成本结构更为深入的了解（如今这一点表现得更为明显）来主动对资源进行管理，以便从客户的角度来提升关键的价值要素。[如想了解更多内容，请参阅 IMA 另一篇管理会计公告《实施作业管理：避免 ABC/ABM 实施过程的陷阱以及相关工具和技术的运用》（*Implementing Activity—Based Management: Avoiding the Pitfalls and Tools and Techniques for Implementing ABC/ABM*）] 组织在实施业务流程重组、质量改进以及精益管理措施时，会将 ABC 成本法作为衡量系统并借鉴其提供的财务和非财务信息。

二、范　　围

本公告概述了 ABC 系统的设计和实施方法，其中所包含的原则适用于任何规模、任何行业的组织。本公告为那些考虑实施 ABC 系统的读者提供了以下信息：

（1）管理会计师在 ABC 项目中扮演的角色和承担的职责；
（2）实施 ABC 系统时管理动因变化的必要性；
（3）如何设计和实施 ABC 系统；
（4）如何规划 ABC 项目实施工作；
（5）如何确保 ABC 系统的可持续性；
（6）如何评估 ABC 软件。

本公告所提供的信息将帮助读者设计和实施可持续的 ABC 系统，从而更好地了解产品和客户成本、业务流程以及作业活动，并为组织提供方法来制定更为明智的业务决策。

三、界定 ABC 成本法

传统的成本核算方法与 ABC 成本法在以下方面有所差异：

传统的成本会计技术根据单一分配因素的特征将间接费用分配给产品（以及任何成本对象），该单一分配因素通常与所消耗的作业类型和水平之间不存在因果关系。① 传

---

① 成本对象是指需要成本数据并能为之累计和计量流程、产品、岗位、资本化项目等成本的职能、机构部门、合同或其他工作单元。中间成本对象只存在于公司内部，而最终成本对象是指产品、标准服务项目或产生服务成本的客户，通常会与外部实体接触。组织支持最终成本对象是指那些并非由供应商、产品、渠道或客户直接产生的最终成本对象，例如高管层和监管机构。成本对象可以视作开展作业的针对对象。

统的成本分配因素包括制造单位产品所需的直接人工时间、直接人工成本、转售商品的购买成本或占用的天数。这些分配因素都是大体意义上的平均值，未能反映间接费用的因果关系，这将导致分配数额会因为分配基础的变化而有所不同。ABC 系统认识到个别产品或客户并未按比例消费间接费用；相反，ABC 系统专注于生产每种产品或提供每种服务所需的人员和设备的作业活动及其对这些作业的消费情况。

使用大体上平均的间接费用分摊率分摊间接成本会造成成本的扭曲。举例说明，假设一个生产半导体的工厂通过直接人工和直接材料费用来计算其产品成本，然后加上产品成本的 1600% 来分摊间接成本。然而，与该标准成本分配方法相比，公司各个产品对间接费用的消耗非常不成比例。其结果就是造成产品成本的扭曲，与公司的最初想法相比，扭曲比例超过了 500%。公司各个产品和服务的盈利能力与其预期相比大不相同。

ABC 成本法通过确定资源及其成本、作业对这些成本的消耗以及作业的产出绩效，将间接成本（通常称为"间接费用"）追踪分配给产品、服务和客户。资源费用的例子包括工资、经营用品、设备折旧和电力，代表了开展作业的能力。

ABC 成本法可以揭示作业活动及其成本。作业是指同一职能部门所执行的一系列任务，受到同一动因的影响，并且资源的消耗强度相同。可通过作业分析来确定组织所开展的作业，其中包括确定部门所开展的作业内容、参与作业的人数、执行作业耗费的时间、执行作业所需的资源、最能反映作业绩效的经营数据以及作业给组织带来的价值。

借助 ABC 成本法，组织可以利用资源动因来追踪各项作业耗费的资源，并根据资源的消耗情况来计算每项作业的成本；然后利用作业动因来追踪消耗这项作业的各项产品或服务（即成本对象）产生的作业成本。这项工作可以通过确定给定时间段内每个成本对象所消耗的作业产出单位来完成。（"动因"这个议题可能让人感到困惑；有关"动因"的定义和例子将在第七部分中加以讨论。）

ABC 成本法起源于制造行业，但后来应用 ABC 成本法的组织几乎涉及社会经济的各个板块，这证明了 ABC 的普适性。例如在当下金融服务行业中，许多政府部门和公司使用 ABC 系统来确定客户的盈利能力。

四、管理会计师的作用

与其他新的管理技术一样，获得高管团队认同是实施 ABC 系统的关键所在。此外，获得组织管理会计人员的支持同样重要。这些专业人员需要认识到他们现有的成本核算系统（在维持现有系统方面拥有自身的既得利益）很有可能会生成不准确和误导性的成本核算信息。组织有必要与会计人员进行充分的沟通，向他们证明有更好的替代方案可用，而替代方案能提供与经营相关的信息并提高管理人员所获信息的质量。

管理会计师可以在 ABC 系统的设计工作中发挥重要作用。运用自身的技能和所获得的培训，管理会计师可帮助公司确定哪些事项适合于分析（产品、客户、流程等）并能够解释现有成本系统存在缺陷的可能原因。此外，由于管理会计师对公司成本核算信息系统的信息拥有充分了解，他们具有独特的优势来判断 ABC 成本核算系统是否具备适当的综合水平。管理会计师可以利用自身对成本核算方法的了解，针对作业和成本对象的成本分配，提出恰当的方法建议。最后，管理会计师能够利用自身对信息和成本关系的了解来支持系统实施工作。

一些注意事项和限定因素：ABC 成本法通过计算历史成本来提供深入观点、帮助理解以及反映组织的专注点。ABC 成本法基本上是一种完全吸收成本核算法，但并没有违背因果关系规则，而间接费用的传统成本分配方法通常违背了这一规则。决策会影响到未来。为了验证一项决策预期产生的财务影响，管理会计师应该应用涉及边际成本分析的管理经济学，即根据费用的组成和产量变化，将费用习性划分为：变动、半变动、阶梯式固定、固定（或将这一能力纳入 ABC 模型）。此类分析还应区分所提供的产能与所使用的产能之间的差异，并考虑是否存在未使用以及可用的产能。在 ABC 成本法框架下，完全吸收成本核算并不意味着可以将 100% 的期间费用追溯到与客户相关的产品、服务和渠道上。针对与客户无关的成本，包括未利用产能的相关费用，理想的做法是追踪至一个最终成本对象，我们称其为"业务维持成本"（将在第七部分中进行阐述）。

当决策产生的影响不够明显并且需要进行实际验证时，管理会计师应采用边际成本分析方法（如资源消耗会计核算和作业资源规划）或基于贴现现金流（DCF）的资本投资分析方法。通过 ABC 成本法，边际成本分析和资本论证技术会应用到各种形式的历史期间成本，并可根据所做决策的类型和所涉及的规划期间确定将哪些资源费用纳入其中或排除在外，进而对历史期间成本进行分层。在确定将哪些费用（例如未使用产能的相关成本）纳入决策分析或排除在外时，可能会涉及判断。本公告要解决的问题是如何更准确地计算某产品的当前成本并根据各类预测，就未来可能需要的费用进行深入分析。在为组织的决策分析提供支持时，管理会计师的职责是确定需要做出哪些假设。

生命周期成本核算是另一个需要注意的 ABC 数据的局限性。ABC 成本法视角下，会计期间通常为月、季度或年。然而，产品和客户是按生命周期进行衡量的。在产品的早期阶段，ABC 成本法需要重点关注如何保持生产稳定，因此产品成本可能非常高昂。产品目前可能未能实现盈利，但是随着成本的下降，可能会在未来实现盈利。此处想说明的是，ABC 成本法并不计算整个生命周期内多个期间的成本，但其反映的每个期间的成本概况可用作生命周期成本核算的输入数据。

五、实施 ABC 成本法涉及习性变化管理

正如任何新的管理技术或工具一样，在实施 ABC 系统之前，组织必须设置一个有效的变化管理流程。该流程的重要目标之一应是确保组织的各个层级能为实施 ABC 系统提供支持，其中包括高管层对 ABC 系统的支持以及基层管理人员的接纳。在绝大多数情况下，组织通常可以通过证明现有的成本会计系统会生成扭曲、误导性的信息，从而获得基层管理人员对 ABC 系统的接纳。信息扭曲时常发生，因为现有的成本核算系统不能反映组织及其所提供的产品和服务日益增长的复杂性。通过实施能够反映这一复杂性的成本核算系统，并为公司运营管理提供所需的经营信息，管理人员能够切实感受到管理决策所依赖信息的相关性有所提高以及绩效管理水平的加强。

变化管理流程需要专门解决新成本核算系统实施过程中出现的"人员"问题，其中包括各类管理人员执着于使用现有系统，而不愿做出改变。此外，还需要解决新系统对绩效衡量和薪酬系统的影响。组织可能需要根据 ABC 系统实施期间所获得的信息，设计新的绩效指标或修改现有指标。ABC 系统生成的"新"的成本数据报告可能引起产品之间的成本变化。过去曾为其他产品提供有效补贴的产品，如今报告的成本更低、利润率更高。与之相反，其他产品的利润率更低，甚至会出现亏损。

在组织的各个层级，就做出改变的必要性展开有效的沟通，这一点至关重要。组织需要说明现有成本核算系统存在的缺陷以及这种信息扭曲对管理决策的影响，强调 ABC 成本核算原则将如何为管理决策提供更相关的信息以及新系统对员工个人评估和奖励的影响。沟通是一个双向过程，需要解决员工所关注的问题。

如同其他投资一样，对于是否实施 ABC 系统，组织需要基于成本效益进行论证。然而，拥有更完善的决策信息所体现的价值可比更具体的投资（如购买一台机器）收益更难衡量。但关键的一点是，通过质量更好的成本核算信息获得的益处要超过为获得信息而付出的额外管理费用。也就是说，必须满足以下公式：

$$\frac{增量收益}{增量管理费用} > 1$$

通过证明上述公式的分子比人们所认为的高得多，且分母可以通过实务操作保持在较低水平（例如使用估计数据以及仅最小限度地收集额外数据），比率的期望值可以从小于 1 变为大于 1（甚至可能高出许多）。

20 世纪 90 年代引入的一项 ABC 实施技术大大加快了 ABC 成本法的推广应用，改进了 ABC 的模型设计，并最大限度地减少了项目因过分细化和过高复杂性而引发问题的风险，这便是可迭代进行模型重构的 ABC 快速原型技术。该技术确保成本效益比率计算的分母能保持在较低水平；同时，通过揭示更多尚未认识到的益处来提高分子的数值。这种方法将在第十二部分展开讨论。ABC 快速原型技术可帮助组织在数周之内借助最少的支持来创建一个 ABC 系统，而无须耗费数年时间。

六、规划实施 ABC 成本法

实施 ABC 成本法的指导原则是进行回溯分析并将最终目标牢记在心。组织必须有充分的理由来改革现有的成本系统并了解 ABC 系统所能改善的决策或分析类型。如此一来，实施 ABC 成本法与实施其他项目并不存在任何区别：开始实施 ABC 成本法之前，你需要清楚自身期望达成的最终结果。通过遵循这一原则，组织能够确保最终设计形成的 ABC 系统能够满足自身的特定需求，而不是某些组织可以通用的 ABC 系统。

在设计和实施 ABC 系统时，有多种方法可供采用，但没有普遍通用的方法。为了实现"概念验证"，许多公司，特别是规模较大的公司，一开始是将 ABC 系统作为试点项目加以实施的，即选择组织的某个分部来实施 ABC 成本核算。

组织可以按照实际收入和费用情况来实施试点项目。如果项目的主要目标是让 ABC 成本法获得组织上下的认同和支持，组织可以使用预算或计划收入和费用，但预算和预测可能与实际结果大相径庭。继续推进试点项目实施工作，确定作业及其相互关系、成本动因以及数量。识别成本附着点（attachment points），并计算作业成本；确定成本对象（如产品或客户）所消耗的作业，并识别动因以及数量。一旦试点项目取得成功，组织还可从业务角度验证在公司范围内实施 ABC 成本法的效果，并为随后的推广提供"经验和教训"。

此外，组织还可以选择从一开始就全面实施 ABC 成本法。在这种情况下，我们强烈建议组织使用可迭代进行模型重构的 ABC 快速原型技术。ABC 快速原型方法的结构与试点项目所使用的结构类似，但包括更多领域（在理想情况下，涉及整个企业）、更多数据以及更多分析。组织可以通过让管理人员（对此，重要的是选择支持者，避开反对者或感受到威胁的人员）迅速了解 ABC 成本法所带来的成本上的改善，从而获得管理人员对于 ABC 成本法的认同和支持。借此，组织能够进一步提升整个组织范围内对成本系统设计的意识，同时迅速采用成本系统来改善信息质量并提高绩效。通常，人们无法意识到未知的事物。随着成本系统模型以迭代方式逐步实施（scaled），管理人员将看到实施 ABC 成本法所带来的更多的成果，从而促使管理人员进一步开展分析。看到成果有助于推动这一学习过程。

如果组织最初针对单个部门或流程开展 ABC 成本法的试点研究，那么应该保持谨慎，因为试点项目只是覆盖组织作业活动的一小部分。这一方式面临着一种风险，即忽略了来自部门、成本中心以及未纳入研究范围的职能部门的作业或成本。流程顾问倾向于针对多个部门（最好是整个组织）的作业进行分析。此外，在将现有成本在产品成本中的转移与 ABC 成本法下的成本进行比较时，不能仅仅包括几个部门或试图仅仅关注一个或几个产品，这样的比较是无效的。

在设计和实施 ABC 系统时，组织需要解决各种问题，其中一个问题涉及 ABC 系统的所有权。虽然管理会计师会计算 ABC 成本法的相关信息，但在许多情况下，ABC 系统最好是由他人"所有"。

ABC 系统的所有权应与其主要目标保持一致。如果改善经营是 ABC 系统的主要目标，那么，最好由经营人员掌控该系统。赋予经营人员而非会计部门对 ABC 系统的所有权将有助于确保 ABC 系统得到恰当的使用和维护。然而在实践中，这往往是一项挑战，因为会计部门的职责一直以来都是收集、验证和报告会计信息并对其加以分析。由此造成的结果就是，最终通常是由会计部门负责 ABC 模型的维护。

需要解决的另一个问题是系统的复杂性。在设计成本核算系统时，需要在系统的成本与系统的细节性、准确性和灵活性之间做出权衡。ABC 成本法的指导原则是成本核算系统的细节性和准确性将取决于利用信息所做的决策。对精细度的追求是需要付出高昂代价的。组织并不需要系统达到 99% 的准确度。如果那些已经完成 ABC 实施工作的组织能够回顾过往，将此前采用的成本系统生成的不准确以及有缺陷的成本信息与准确性得到显著提升的新成本信息进行比较，就能理解为何实施了 ABC 成本法的组织会发出以下的感慨："大体上的准确要比绝对的错误好得多！"在现有成本系统提供的成本信息不够准确的情况下通过经济的方式取得合理的准确性通常就"足够好"了。一般来说，为战略决策提供支持的系统，与更多地用于经营性决策的系统相比，所使用的整合数据更多。是否有必要进一步提高系统的准确性是一个长期问题，需要根据不断变化的业务需求进行分析，并且可能随着模型的演进而得到解决。在某些情况下，随着组织对于系统的准确性要求及费用规模的认识逐步加深，数据收集工作力度可以有所缩减。

是否将 ABC 系统与财务会计系统进行整合也是一个问题。ABC 系统可以集成到财务会计系统中或作为独立系统存在。在许多组织中，经过精心设计、定期更新（如每季度、半年）的 ABC 模型足以满足决策需求。采用离线方式实施 ABC 系统有助于组织获得更准确的成本核算信息，且无须中断信息系统的日常作业。该 ABC 建模方法特别适用于中小型企业，也可以作为大型组织实施 ABC 成本法的起点。

如果将 ABC 系统完全集成到组织的管理信息系统之中，ABC 系统将超越成本会计的传统角色，并成为改进业务流程和制定前瞻性规划的主要信息来源。组织将该信息作为作业管理（ABM）的基础；组织通过对自身作业及其成本动因的了解来改善业务流程并提高客户满意度。在这种情况下，需要对数据收集工作进行调整以满足 ABC 系统的要求。而会计系统的总账科目表、成本中心结构、销售会计核算流程的库存或成本、部门间费用、应付账款和工资成本分配、财务和管理报告以及会计系统与成本相关的其他方面将保持不变。ABC 系统只是重新界定了交易信息的用途。我们将在第十四部分对 ABC 商业软件加以讨论。在该部分，我们阐述了从总分类账中剔除部门间费用并以适当的作业成本加以替换等内容。

七、ABC 系统的初步设计

我们可以通过两个不同的视角来审视 ABC 系统：成本分配视角和流程视角。成本分配视角提供资源、作业和成本对象的相关信息；而流程视角则提供业务流程及其作业的经营性信息（通常是非财务信息）。如图 2 所示，成本分配视角与流程视角均可直观显示。

图 2 纵向显示的是 ABC 成本分配视角，横向则表示流程视角。交叉点上的作业活动对于两视角而言都是必不可少的。在成本计量方面，两者的区别如下：

（1）成本分配视角将资源费用（如工资、用品）转换为（人员和资产方面的）作业活动成本，最后纳入最终成本对象（如产品、客户）。

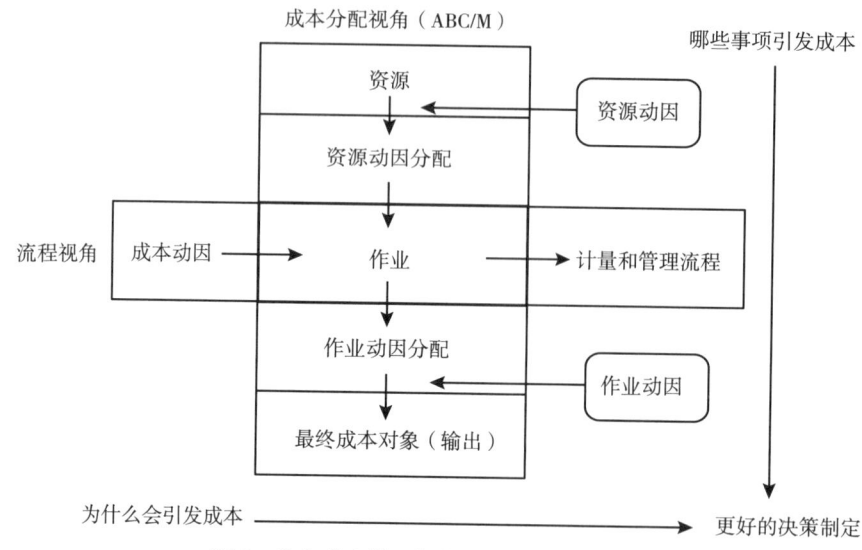

图 2 作业成本管理框架（CAM-I CROSS）

资料来源：改编自 CAM-I。

（2）流程视角按时间顺序排列作业活动，从业务流程开始到结束，不断累积作业成本。

我们将在第十一部分进一步说明两视角之间的区别，其中介绍了包含 ABC 信息的价值流程图。ABC 的侧重点通常放在成本分配视角上。虽然 ABC 是作业成本核算（activity-based costing）首字母的缩略词，但 ABC 信息的效用很大程度上源自对不同类型产出（成本对象）的成本及产出所导致的、基于动因的作业消耗情况进行计量。

"动因"这一术语可能令人感到困惑。员工的资源动因反映的是其执行作业活动所花费的时间。购买的间接材料的资源动因反映的是一项作业对间接材料的消耗，例如机器消耗的以千瓦计量的能源费用。作业动因是作业产出的一个衡量指标。例如，一项与客户相关的作业活动——"销售订单处理"，其作业动因是已经处理的销售订单数量。成本对象动因是最终成本对象对其他最终成本对象组合的消耗，例如客户购买产品组合。在对所有动因进行选择时，其成本核算原则是所产生的成本水平应该与动因的数量直接相关。

"成本动因"一词可能不够明确。相比上文介绍的动因类型更为宽泛。成本动因可以通过文字进行描述，但不一定可通过定量指标进行衡量。例如，一场恶劣的风暴即是一项成本动因，可引发保险理赔程序。人们无法轻易测量风暴强度，但可以衡量由此引发的索赔数量。ABC 将自身限定于可计量的资源、作业和成本对象动因。ABC 分析通常会审视成本动因，将其与流程或作业联系起来，以激起对影响或潜在影响的讨论。由于成本动因通常涉及多个职能部门，因此通常指明了需要改进的领域。虽然成本动因通常无法量化，但在研究 ABC 系统给出结果数据时，常常能解释数据背后的"原因"。

成本分配视角已经从 20 世纪 80 年代初的两阶段 ABC 成本法发展成为多阶段成本法。我们将先通过讨论两阶段成本法来理解 ABC 成本法的一些基本原理，然后再讨论多阶段成本法。

（一）两阶段 ABC 成本法

图 3 详细说明了两阶段 ABC 成本法。利用第一阶段的成本动因（如今称为资源动因），将总分类账的明细账户按适当比例分配给各项作业。然后，利用第二阶段成本驱动因素（如今称为作业动因）将这些作业的成本加以累积并分配给成本对象。例如，失业保险和设备维护等成本可能会根据资源动因，分别按照劳动力成本和设备工时分配给作业；然后使用设备设置次数、订单、采购订单、设备运行时间（分钟）、直接劳动时间等作业动因将各种作业累积的成本重新分配给产品。

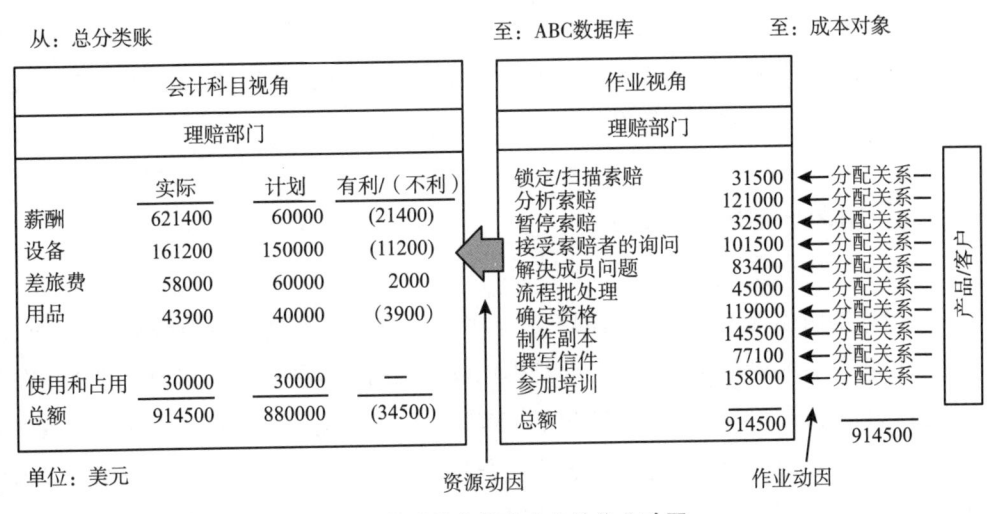

从：总分类账				至：ABC数据库	至：成本对象
会计科目视角				**作业视角**	
理赔部门				理赔部门	
	实际	计划	有利/（不利）	锁定/扫描索赔 31500 ←分配关系—	
薪酬	621400	60000	(21400)	分析索赔 121000 ←分配关系—	
设备	161200	150000	(11200)	暂停索赔 32500 ←分配关系—	
差旅费	58000	60000	2000	接受索赔者的询问 101500 ←分配关系—	产品/客户
用品	43900	40000	(3900)	解决成员问题 83400 ←分配关系—	
				流程批处理 45000 ←分配关系—	
				确定资格 119000 ←分配关系—	
				制作副本 145500 ←分配关系—	
				撰写信件 77100 ←分配关系—	
使用和占用	30000	30000	—	参加培训 158000 ←分配关系—	
总额	914500	880000	(34500)	总额 914500	914500

单位：美元　　　　　　　　　　资源动因　　　　　　　作业动因

图 3　每项作业都有自身的作业动因

资料来源：Gary Cokins。

图 3 中的左侧方框显示了成本中心的月度支出报告。采用 ABC 成本法的一个重要原因就是因为意识到，在成本中心中，利用会计科目表上的项目（如薪酬和用品）所形成的责任报告在结构上无法将费用转换为已发生成本。这一论述足够说明问题。但是，在分类账费用以不同的形式重述为作业成本之后，作业动因才能附加到作业成本上，以便按照资源消耗比例将作业成本重新分配给作业产出。随着公司的扁平化和去层次化，这个问题变得更加复杂。成本中心员工的分工并不固定，身兼多项任务，通常共同开展某些作业，这使得追踪产品成本（或其他成本对象）变得更加困难，特别是在使用传统成本核算方法的情况下。

换言之，如果业务流程所有者（贯穿多个成本中心的业务流程绩效负责人）想要查看业务流程的成本，首先必须根据总分类账对费用进行分类，并将其转换为作业成本；同时根据构成业务流程的顺序步骤的具体作业对作业成本进行重新组合。而总分类账成本中心报告在结构上存在缺陷，无法完成这一步骤。有一种说法，当成本中心经理收到月度报告并将实际数据与预算（或计划）支出进行比对时，他们要么感到开心，要么垂头丧气，但是，他们不可能变得更为睿智。而 ABC 信息能让他们更加睿智。对于以总分类账为基础的报告，有一种更为尖锐的说法，即除了收集交易数据以外，一无是处，却最容易引起决策失灵和误导。组织需要将数据转化为能反映因果行为的、有意义的成本。

请注意，资源、作业和成本对象视角下的总费用和成本是相等的，两者必须保持一致。这里传递的重要信息是，会计科目表的总分类科目只反映了费用情况。通过将费用转换为图 3 两视角下的已发生成本，就可以针对产生费用的原因、费率、费用对象及目的，获得更有价值和更实用的答案。

（二）多阶段 ABC 成本法

多阶段成本法体现了 ABC 模型的发展。多阶段成本法不是简单地将资源成本追踪至作业，再将作业追踪至成本对象，而是模拟成本流动，以便更加如实地反映成本在整个组织内的实际流动状况。这种方法包括了解间接作业活动与其他作业之间的关系以及这些作业与成本对象之间的关系。该方法完全基于因果关系，对各个阶段的作业成本依次进行追踪。（为了简化 ABC 模型，一些组织使用资源池这一概念来将类似费用进行累积和分类，而后再将其分配到作业上）

对于制造公司而言，"进行养护"和"操作工具间"这些作业将累积与其直接相关的成本（请注意，最好使用行为动词和名词结构惯例来描述作业）。两阶段成本法利用作业动因（或第二阶段动因）将这些作业的成本直接分配给成本对象。而多阶段成本法的不同之处在于，认识到最终成本对象并不直接消耗养护作业。养护作业为其他作业（包括工具间相关的某些作业）提供支持。一般来说，一项作业可以为最终成本对象和其他作业提供直接支持；而后者被称为中间成本对象。根据对这些作业、服务或资源的需求，将作业所累积的成本分配给最终成本对象或其他作业。

对某些组织来说，这种分配费用的多阶段成本法可能类似于全面吸收成本核算中传统的逐级向下分配成本的方法。然而，ABC 的粒度（granular）更高，在作业层面跟踪成本，而不是部门层面。在部门层面分配费用会导致错误，因为这一做法将费用的分配基础限定在单个作业动因上。作为一项规则，ABC 成本法中所有的费用分配只能基于使用和耗费情况。如果一项作业并不使用某个资源，那么，它将不会被分配该资源的任何成本。

图 4 显示了作业到作业的成本分配以及企业整体角度的 ABC 成本分配网络；其中 70 美元的资源费用完全被客户和业务维持成本对象吸收并作为其计算成本（后者主要追溯至高管层）。请注意，30 美元的支持作业是如何追溯到其他三类作业，然后再追踪至产品、客户或业务维持成本对象的。

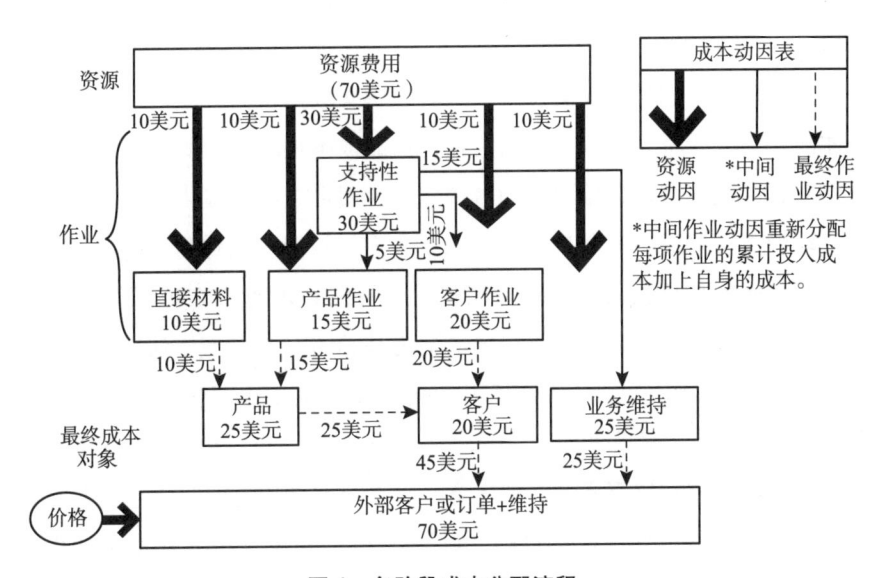

图 4　多阶段成本分配流程

资料来源：Gary Cokins。

业务维持成本（图 4 中的 25 美元）是指并非由生产产品或向客户提供服务所引发的作业成本。在逻辑上，这些成本的消耗不能追踪至产品、标准服务项目、渠道或客户（这些成本可以任意分配，但不是基于因果关系）。这类例子包括会计人员每月的"关账"作业和法律人员"向政府提交监管文件"的作业。这些作业的成本应该分别追踪至作为业务维持成本对象的高管层和监管机构。企业必须利用其收入来弥补这些成本，但重点是，将这些成本分配给产品或客户具有误导性，会夸大产品或客户的成本，并向使用产品成本信息来制定决策的员工发出错误信号。

客户作业的成本通常称为"服务成本"。这些作业不仅包括处理销售订单、呼叫中心援助以及处理退货产品，而且还包括销售人员的"电话销售"。最后这项作业可能看起来有些奇怪，因为客户不太可能主动拨打销售电话，但 ABC 的目的是衡量作业量以及作业的消耗环节，维护高难度的客户可能会消耗大量与电话销售相关的成本。与其他规模较小、不太苛求的客户相比，这类客户消耗的成本在客户收入中所占比例更大。ABC 能够衡量和查明这类不太明显的关系。

此外，图 4 还表明一些最终成本对象（如 25 美元的产品成本）可以被其他最终成本对象所消耗。例如，客户消费（即购买）的"一篮子"产品或服务会各不相同。在本例中，使用"成本对象动因"（如产品的购买数量）来追踪产品。其他例子包括订单类型（如特殊订单与标准订单）或销售渠道类型（如卡车与铁路运输，银行柜台人员与 ATM 机）。

另外还要注意的一点是，在图 4 中，只有在所有成本得到分配之后，产品和服务项目的价格才能作为收入录入。至于价格是针对产品成本还是针对服务成本，我们无法加以区分，除非它能脱离出来，单独作为费用。这一属性为我们提供了一种思路，即随着各项作业活动最终按照逻辑和因果关系追踪至客户，我们可以对利润边际贡献（即损益表的账面利润，而不是总收入）进行分层报告。我们必须明白 ABC 成本法是在处理成本。定价是一种管理决策，通常是以市场情况为基础的。ABC 成本法所提供的是更加准确的"成本"，这样一来，通过从销售额中扣除可追踪成本，利润率更加直观。

图 5 对图 4 进行了分解和扩展，展示了一个通用的 ABC 结构，可以很好地反映适用于任何组织的通用成本核算模型。请注意，直接材料费用有时可直接追踪至产品。一个更常见的建模做法是让直接材料费用"归集"到"流经"作业成本库的中间成本对象，以便三个成本视角在总成本上是相等的（在图 4 中，它们都等于 70 美元）。

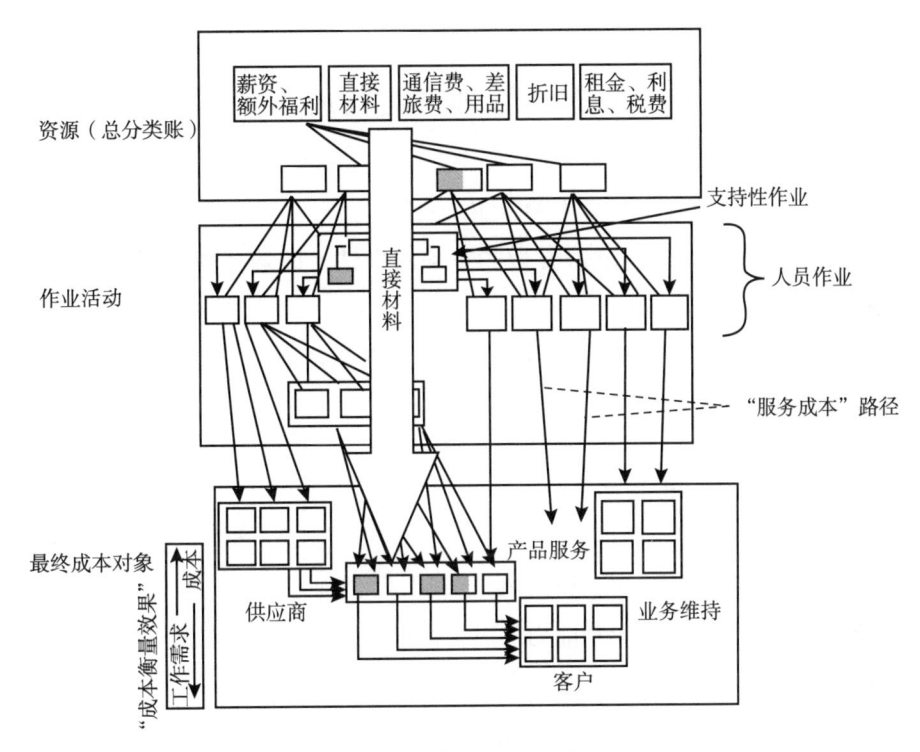

图 5　ABC 成本分配网络

资料来源：Gary Cokins。

为了理解图 5，我们可将成本分配路径（箭头所指）设想为管道或吸管，其中每个路径的直径大小反映了成本的流动量。ABC 模型的优势在于成本分配路径及其终点从始至终为分部成本赋予了可追溯性，涵盖资源支出到每种类型（或每个特定）客户各个方面。归根结底，客户才是所有成本和支出的源头。成本分配网络捕捉并反映了成本对象如何在以独特方式消耗资源和作业方面表现出多样性和差异性。为了理解成本核算，一个有效的做法是在脑海中反转图 5 的所有箭头方向。反转方向能够揭示出所有费用的产生都是源于客户需求拉动。已发生成本只是对相关影响的衡量指标，而成本一直都是影响的衡量指标，这是成本核算的基本原则。

使用集成的 ABC 软件，间接成本的直接成本核算不再像过去一样是一个不可克服的问题（商业 ABC 软件将在第十四部分加以讨论）。ABC 成本法能够针对本地业务流程、内部客户或引发作业需求的必要组成部分对中间成本进行直接成本核算。简言之，ABC 成本法将客户与其所消费的独特资源按照各自的消费比例联系起来。在成本分配网络中，各个环节的成本都一目了然。

八、战略成本管理与运营成本管理

利用管理会计信息旨在满足以下两个主要目的：

（1）战略成本管理——确定需要做的正确的事情，即选择正确的流程、供应商、产品、渠道和客户。

（2）运营成本管理——妥善执行战略事项，提高生产力以及消除浪费。

本部分将讨论上述两种形式的成本管理。

（一）战略成本管理

在实施 ABC 成本法之后，组织通常会感到不可思议。传统成本核算方法下，反映组织产品、渠道以及客户真正盈利能力的成本信息存在缺陷，具有误导性，而组织过去错误地相信这些数据。如今，组织则掌握了真实的成本数据。

ABC 成本法揭示了哪些产品的成本被高估或低估，从而反映了重要的利润和损失来源。图 6 提供了一个典型的情景。这个示意图通常被称为"利润悬崖"。

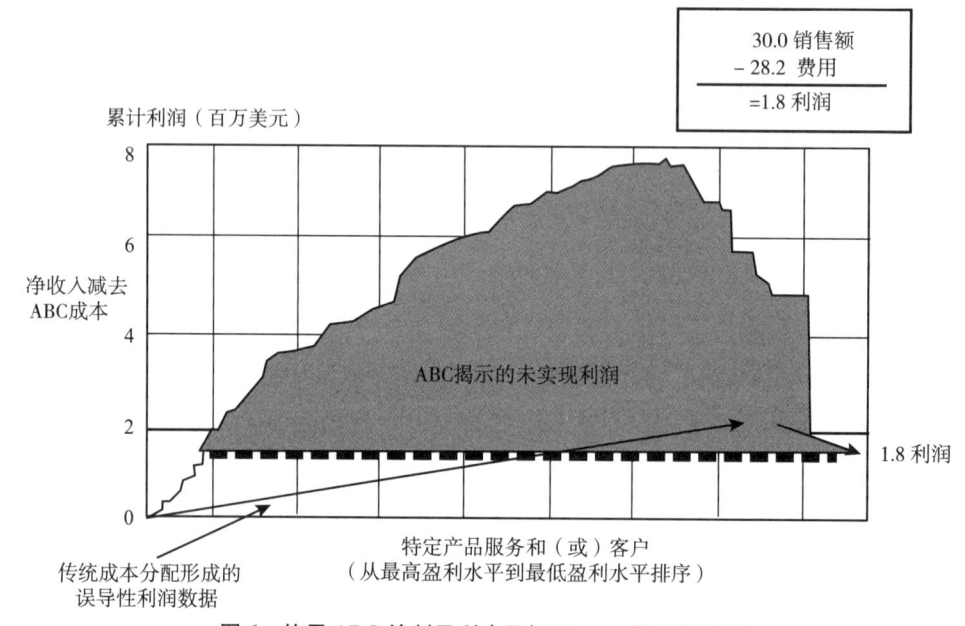

图 6 使用 ABC 绘制盈利水平概况——"利润悬崖"

资料来源：Gary Cokins。

对"利润悬崖"进行分析并回答提出的相关问题，借此获得深入见解，这就是战略成本管理的范例。从中获得的深入见解有助于组织确定产品、渠道以及客户哪些适于开发、获取、增长、保留和提高，而哪些不是。但是组织必须保持谨慎，不要就分析ABC数据时所需采取的行动得出不恰当的结论。最终，包括ABC成本法在内的管理会计是一种发现问题和引发关注的方法。再好的管理会计也不会提供所有答案。管理会计并不直接回答问题，而是允许提出更多、更深刻的问题。

对ABC数据贸然做出反应会引发三个问题：

（1）组织必须认识到，计量一个期间（如一个月或一个季度）内的成本和利润并不能推断出个别产品、服务项目以及客户在整个生命周期内的成本和利润。因此，为一个当前明显无利可图的产品或客户提供服务，目的可能是未来将其发展成为一个非常有利可图的产品或客户。此外，组织还必须分析生命周期内的盈利能力（对于这类分析，ABC单位成本是必不可少的）。

（2）在某些情况下，企业会故意亏本出售一些产品，以拉动客户购买其他更有利可图的产品。与此相似，组织可能会保留或获取一些无利可图的客户，以便能够留住或吸引他们介绍的有利可图的客户。保留这些客户是一项管理决策，但重要的一点是，需要了解这些客户会耗费公司多少"成本"。

（3）放弃无利可图的产品和客户会减少作业成本，但不会减少资源费用——这一做法只是释放了这些资源的产能。若想通过放弃产品或客户来实现利润影响，组织所形成的但未得到利用的产能必须由有利可图的新订单来填补，或是转移到其他地方，参与增值作业，抑或完全放弃（例如停止一项业务或裁员）。这些释放出来的未利用产能的资源成本不应通过ABC成本分配网络重新分配给现有产品或客户，这个成本并不是由这些产品或客户引发的。组织应将这些成本追踪至一个业务维持最终成本对象——"未利用的产能"。如果未能以这种方式分配费用，这将导致现有产品和客户的成本过高，会给人一种错觉，似乎这些产品和客户的利润贡献已经变少，从而成为新的放弃对象。这一过程称为"间接费用的死亡螺旋"。由于前期放弃了某些产品或客户，导致组织做出放弃更多产品或客户的不当决定，组织有时候会将其归罪于ABC成本法，其实这是由存在缺陷的成本分配假设所导致的。

成本管理必须始终在更广泛的绩效管理框架下加以实施，这能增加时间、质量、风险、服务水平以及其他战略目标维度，以便从现有客户和潜在新客户身上获取最大价值。

（二）运营成本管理

图 7 说明了如何将图 6 中的作业成本（最初从资源费用追踪至每项作业）分配给每个成本对象，然后进行汇总或"叠加"。在图 7 中，产品的真实成本大于其价格，在该期间形成损失，并在图 6 所示的"利润悬崖"上表现为位于右侧利润率逐步降低的产品。

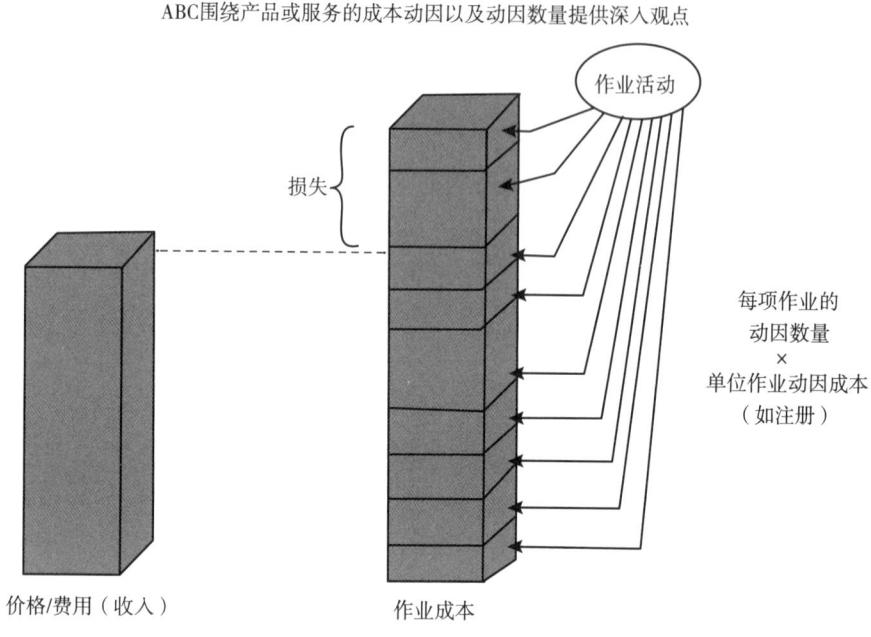

ABC围绕产品或服务的成本动因以及动因数量提供深入观点

图 7　全面追踪成本至成本对象

资料来源：Gary Cokins。

管理人员和员工团队正针对成本寻求更高的透明度和可见度。使用 ABC 成本法来获取作业产出的可靠单位成本有助于在衡量绩效改善情况时，以最佳实践作为基准进行比对或报告相关趋势。图 7 显示了这一需求是如何获得满足的。ABC 成本法打破了人们的错觉，即间接成本是必要成本，因此，就似乎可以任意分配（然而事实并非如此）。此外，该图还指出成本对象的成本是可以通过以下方式降低的（即减少"叠加"）：

（1）减少作业动因的数量、频率、强度（例如，较少数量的检查减少了"检查产品"这一作业成本）。

（2）通过提高生产力来降低作业动因的成本分摊率（例如，缩短每个"检查产品"

事件的时间)。

(3) 了解导致无效的浪费来源和原因从而减少或消除浪费(例如,首先解决需要"检查"的问题)。

这三个事项是如何运用 ABC 成本法数据来实施运营成本管理的示例(请注意这些操作是如何为运营和质量组织所推崇的六西格玛质量和精益管理举措的持续改进原则提供支持的)。我们将在第十一部分进一步讨论流程或价值流程图以改善运营和质量。

(三) ABC 成本法具有的属性

借助 ABC 商业软件来施行 ABC 成本法还可以获得一个额外好处,即报告成本的另一个维度——所花费的"币种"。通常,ABC 商业软件是通过使用代码对某项作业进行标记或评分来应用成本属性。总分类账会计系统并不具备这一成本维度,因为属性是标记在作业或成本对象上,而不是资源费用上。

例如,若要说明某项作业是否带来价值,其标记可以是"增值"或"非增值"。再如,作业所包含的五个"质量成本"(COQ)类别,其严重性依次递增:无错误、预防相关、评估相关、内部无效工作以及外部工作。属性不会改变 ABC 所计算的任何成本,但是有助于将作业成本归到各个类别,而这些类别反过来又有助于管理层集中注意力(如非增值成本)并提出行动建议。ABC 商业软件可以跟踪作业活动的属性并一路追踪至成本对象。例如,组织可能发现提供两个类似服务项目的单位成本大致相同,但一个服务项目比另一个服务项目消耗更多的非增值作业成本。假设可以通过改善运营状况来减少非增值成本,这意味着其中一个服务项目更有可能在将来拥有更低的成本。利用总分类账成本中心报告中广泛而平均的成本分配是无法识别出这一情况的。

九、客户盈利水平报告

某些客户主要采购低利润产品,在算上与他们所购买的产品和服务项目无关的"服务成本"之后,对于公司及其扩展价值链而言,这些客户可能是无利可图的。而那些购买利润相对较高产品的客户可能会提出许多额外服务要求,以至于他们也变得无利可图。一个组织如何正确衡量其客户和供应商的盈利水平?在识别出利润贡献较低的客户和供应商之后,组织需要使用"利润率管理"技术将这些客户和供应商向更高的利润水平转移,如果无法转移,则"放弃"他们。

如果两个客户在完全相同的期间，以相同的价格购买完全相同的产品和服务组合，那么，这两个客户是否具有同样的盈利水平？当然不是。一些客户下达标准订单，且不提出任何奇怪要求；而另一些客户提出的都是非标准的要求，如特殊交货要求。有些客户只是购买公司的标准产品或服务项目，几乎没有什么要求和反馈。而另一些客户，组织需要经常进行沟通，他们常常改变交货要求，询问并要求加快订单处理速度，或进行退换货。一些客户比其他客户要求更多的售后服务。在某些情况下，只有客户的地理位置有所差别。

哪些类型的客户是忠诚而又有利可图的？哪些客户仅仅贡献微薄利润，或者更糟糕，让组织出现亏损？战略ABC是一种获得广泛认可的方法，能够经济而准确地将公司资源费用的消耗情况追踪至向公司提出不同要求的各类渠道和客户细分群体。组织通常发现其10%～20%的客户是无利可图的；在某些情况下，该比例达到了40%甚至更高，特别是对于银行而言，少数的高利润客户能带来具有潜在盈利能力的低利润客户。

图8对图5所描述的ABC成本分配网络的最终成本对象模块网络进行了分解，显示了成本的两层"嵌套"消费序列。这个消费序列就好比是捕食者的食物链。最终成本对象（在图8中指的是客户）最终消耗了除业务维持成本以外其他最终成本对象的全部成本。

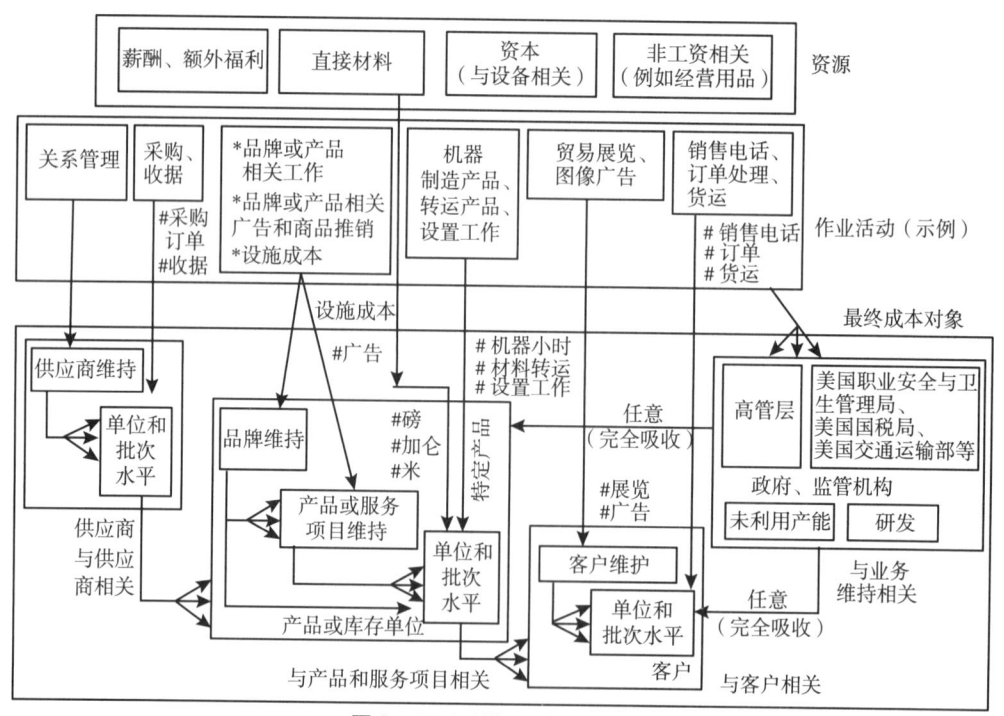

图8　ABC利润贡献边际分层

资料来源：Gary Cokins。

主要最终成本对象的每个类别（如供应商、产品或服务项目以及客户）具有各自的"维持成本"，可以分配给其最终产品或客户。然而，在追踪这些"维持成本"时，组织无法应用一个可以计量的产品或客户具体数量。例如，营销部门的产品品牌推广计划可能只会让部分特定产品受益，但是该品牌中的每个特定产品应该分摊多少品牌推广成本？即使不存在因果关系，组织也可以应用一些"共有"基准（例如销售单位数量）来追踪这些"产品维持成本"，或进行平均分配。

当成本从一个最终成本对象流向另一个时，每次流动都会消耗独一无二的上游成本对象组合。也就是说，单个客户的总成本（除了直接服务成本之外）仅包括所购买的产品数量和组合。在 ABC 成本分配网络中，每个产品都会因因果关系引发自身的作业成本，而不是任意分配的间接成本。然后，这会形成成本分层，进而形成许多利润率分层。

图 9 是一个有关客户盈利水平的示例。借助 ABC，组织现在可以针对每个客户、客

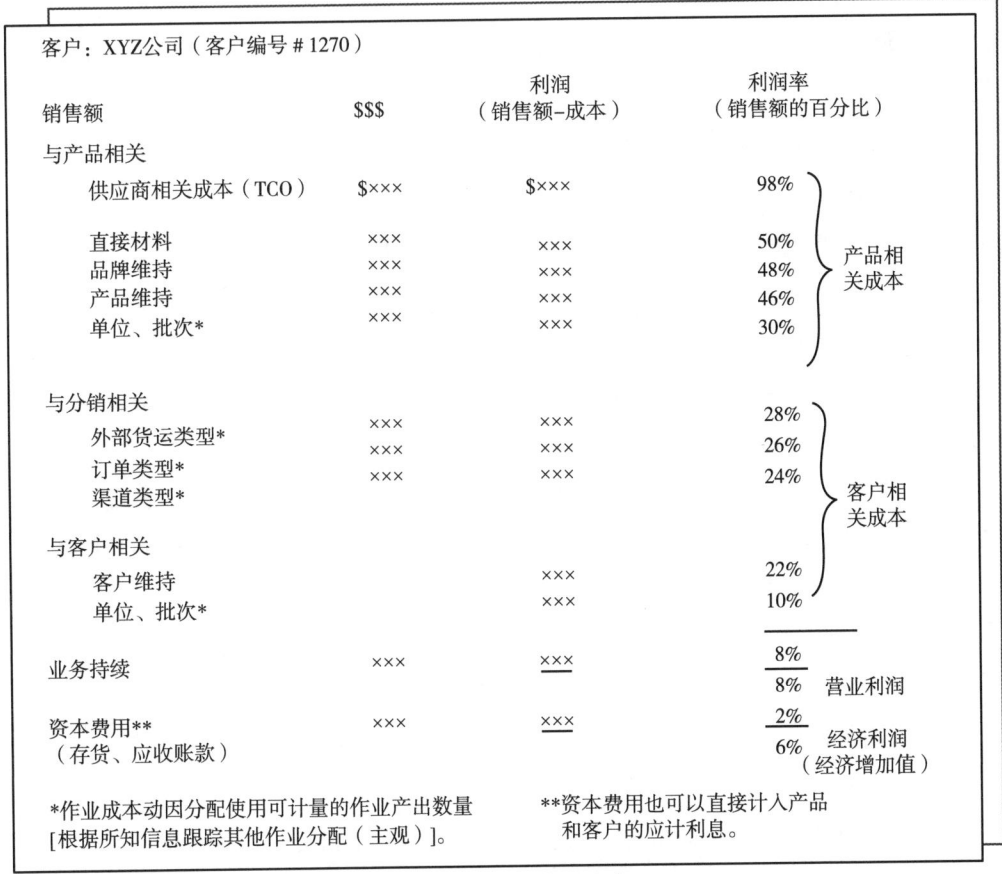

客户：XYZ公司（客户编号 #1270）	$$$	利润 （销售额−成本）	利润率 （销售额的百分比）	
销售额				
与产品相关				
供应商相关成本（TCO）	$×××	$×××	98%	⎫
直接材料	×××	×××	50%	⎪ 产品相
品牌维持	×××	×××	48%	⎬ 关成本
产品维持	×××	×××	46%	⎪
单位、批次*	×××	×××	30%	⎭
与分销相关	×××	×××	28%	⎫
外部货运类型*	×××	×××	26%	⎪
订单类型*	×××	×××	24%	⎬ 客户相
渠道类型*				⎪ 关成本
与客户相关				⎪
客户维持		×××	22%	⎪
单位、批次*		×××	10%	⎭
业务持续	×××	×××	8%	
			8% 营业利润	
资本费用**	×××	×××	2%	
（存货、应收账款）			6% 经济利润	
			（经济增加值）	

*作业成本动因分配使用可计量的作业产出数量 [根据所知信息跟踪其他作业分配（主观）]。
**资本费用也可以直接计入产品和客户的应计利息。

图 9　ABC 客户损益表

资料来源：Gary Cokins。

户群体的合理细分或分组来生成有效的损益表。这些报告提供了大量的细节。例如，可以更加详细地查看单个产品和服务项目；包含了高利润率和低利润率的产品或服务组合（基于其单位成本和计算衡量）。换言之，在一份特定客户的损益汇总中，产品或服务项目的利润率是按复合平均值进行报告的，但是通过"向下挖掘"，用户可以了解到产品组合的详细信息。此外，用户可以针对每个产品或服务项目开展进一步的"向下挖掘"工作，以审视作业活动和材料（"成本清单"）的内容和成本。

这些信息揭示了什么？首先，它量化了人们可能已经产生的怀疑：所有客户不尽相同。严格参照客户行为的苛求程度，一些客户可能或多或少还是有利可图的。虽然客户满意度十分重要，但企业的长期目标是增加客户数量和提升企业盈利能力。在管理客户服务以实现客户满意度与这一做法对股东财富的影响之间必须始终保持一种平衡。"以客户为中心"与"客户至上"之间是存在区别的。最好的解决方案是以有利可图的方式来提高客户满意度。鉴于越来越多的客户会期望和要求企业提供定制产品，而非标准产品、服务和订单，理解这一平衡就显得十分重要。ABC 数据有助于推动组织讨论以实现这一平衡。

在图 9 中，公司损益表的利润率包含两个主要"分层"：

（1）购买的产品和服务项目组合；

（2）与特定的产品和服务项目组合无关的"服务成本"。

图 10 围绕上述两个主要分层提供了客户的双轴视图。可以根据这两个属性来定位任何单个客户（或客户群体）。纵轴衡量每次购买行为的"复合利润率"（反映客户的净价格），横轴衡量客户的"服务成本"。图 10 打破了一个谬论，即拥有最高销售额的公司也一定能获得最高利润。

图 10 还揭示了组织的目标是让所有客户更有利可图，这一点在图上表现为让客户向左上角移动。虽然这只是一个部分列表，但可以通过以下方式让客户更有利可图：

（1）管理并降低每个客户的"服务成本"；

（2）针对昂贵的"服务成本"作业，收取附加费用或重新定价；

（3）减少服务；

（4）提高价格；

（5）加大对客户喜好的作业成本投入；

（6）让客户的购买组合向价格更高、利润更高的产品和服务项目转移；

（7）针对"服务成本"低的客户，可给予折扣以提高销量。

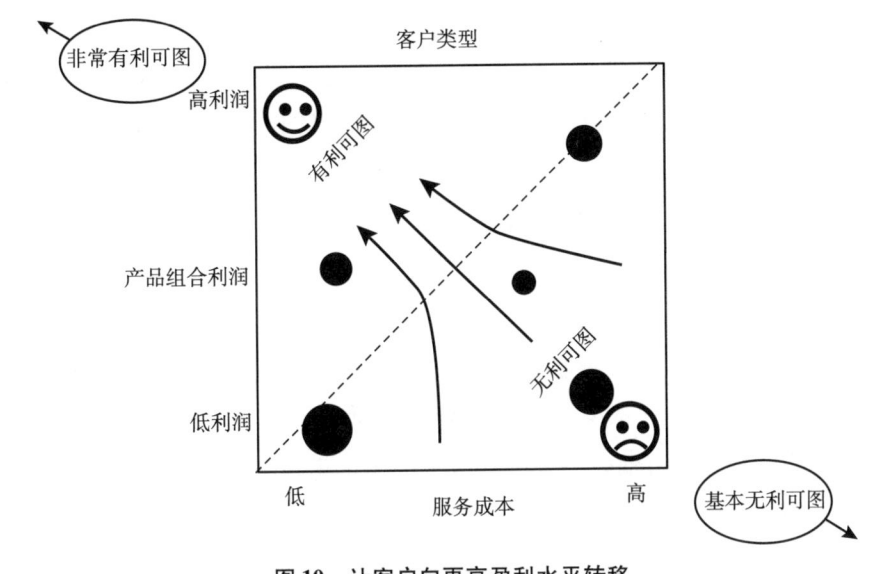

图 10 让客户向更高盈利水平转移

资料来源：Gary Cokins。

一个极端的做法是"放弃"客户——当公司认为客户永远不会给公司带来利润时，便终止客户关系。

请注意，让客户向左上角转移，相当于在图 6 的利润图中让客户从右向左转移。了解客户在矩阵中所处的位置需要运用 ABC 数据。只有通过了解数字背后的作业细节，组织才能做出调整。

十、ABC 项目规划

一旦 ABC 模型初步设计和构建的相关问题得到解答，ABC 项目的规划工作就可以向前推进。正如任何一个覆盖整个组织范围的重要系统项目，正式的项目管理结构和项目计划对于有效推进实施工作是必不可少的。该结构应包括由高层管理人员组成的指导委员会，其主要职责是确保 ABC 系统与组织的业务战略和需求保持一致，并确保组织中所有受到影响的领域都能参与进来并展开合作。项目经理向指导委员会进行报告，并由一个跨职能团队配合开展工作。该团队的规模大小和各个成员的参与程度将取决于项目的具体情况。重要的一点是，组织中所有受到影响的职能部门必须参与 ABC 系统的开发和实施，以便 ABC 系统在整个组织范围内得到认可，并不断改进其设计。

成功实施 ABC 系统的重要因素之一是培训。虽然管理层无须成为 ABC 系统专家，但他们必须了解 ABC 系统的需求、优点以及关键概念。另一方面，项目团队成员（实际设计和实施系统的成员）的确需要深入了解 ABC 系统相关问题的情况和原因。因为 ABC 既是一门科学，也是一门艺术，单单掌握原理是不够的。设计者和实施者必须理解各种方法和范围、准确性、细节性，这将有助于为特定组织打造最具成本效益的系统。在系统开发阶段以及作为重复报告系统而持续实施阶段，为系统提供输入数据的人员必须认识到他们所提供数据的重要性。

最后，除非用户理解 ABC 所提供的全新信息，否则该系统将不能发挥有效作用。在某些组织中，ABC 与组织的许多成本和利润率观点相互矛盾。例如，绝大多数制造企业几十年来一直认为直接劳动效率是生产效率的关键衡量指标。而在 ABC 框架下，许多公司发现，与间接费用相比，直接劳动可能是成本方程中不太重要的组成部分，而过多关注直接劳动效率会造成对重要问题的忽视。项目团队必须确保每个参与者都能理解新系统的输出内容以及如何最好地利用这些输出来改善组织的运营。

十一、收集 ABC 数据

ABC 项目需要两种类型的信息：概念信息和交易信息。组织需要利用概念信息来进行 ABC 系统整体设计，并利用交易信息来模拟成本在系统模型中的流动。此外，交易信息还用做某些概念信息开发和验证的原始数据。

数据收集作业的目标是积累必要的信息以便：

（1）确定组织的人员和设备所执行的作业活动（针对成本分配视角和流程视角）；

（2）确定组织的成本要素（针对成本分配视角）和绩效衡量指标（针对流程视角）；

（3）确定各种作业与成本要素之间的关系（针对成本分配视角）；

（4）确定并衡量决定工作负荷（针对流程视角）并导致累计作业成本流向其他作业或组织产品和服务（针对成本分配视角）的作业动因。

（一）确定作业活动

即使是一个小型组织也可以确定无数的作业活动。然而，作业活动的确定工作应当遵循重要性原则和 ABC 系统的目标。例如，如果目标是战略性的（如产品线的盈利能力、定价政策），则主要需求是将成本准确地分配给最终成本对象。在这种情况下，组织可以广泛定义作业。然而，如果目标是改善运营（如消除非增值流程），则需要作业活动和中间成本对象的相关信息。例如，对于采购部门而言，特殊订单与标准订单的单位成本，以及与一揽子采购订单的单位成本之间存在什么区别？每类订单包含哪些作业成本？每类订单背后的作业动因有哪些？在这些情况下，组织必须对作业做出狭义界定。

重要性还将影响到作业整合的定义。例如，一个组织的采购部门只有两名员工，而另一个组织的采购部门拥有50名员工，同样是将该部门的工作细分为20项单独作业，但前者的收益将不如后者。

（二）识别成本要素

成本要素是组织资源的相关费用，包括劳动人员工资以及资本、机械、建筑物、材料、用品、设备和公用事业费用。组织的总账通常是这些成本要素的信息来源，但它未能根据所开展的作业来拆分这些成本要素。这就是为什么ABC成本法通过资源驱动因素将这些资源费用重新分配到作业成本中的原因。

（三）确定作业与成本要素之间的关系

ABC系统的设计人员必须将总账包含的费用数据分配给作业。这种分配是由各项作业活动与成本要素之间的关系决定的。我们上文曾提到过，作为可选设计方案，某些ABC模型首先将相似费用归集为一个类别或一项工作，我们称其为资源池。成本要素或资源池可以通过某些直接可衡量的方式（例如计量电力消耗、通过工作单收取维护费用、针对用品请求作业收取费用）或通过估计（借助问卷调查和访谈来确定）来分配给作业。

应该尽可能地减少任意的成本分配，特别是使用大体上的平均值进行分配。这是因为任意的成本分配无法提高人们对执行作业背后的经济含义的理解。此外，过度平均地分配成本会让某些成本对象的成本过高，而某些的过低，从而导致分配给成本对象的成本失真（请牢记，过去期间的成本核算必定存在零和错误）。

（四）识别和衡量作业动因

作业动因是基于用量的变量，用于解释作业成本习性和程度。它们反映作业对费用的消耗，以及其他作业、产品或服务对作业的消耗。

对精度的追求诱使 ABC 系统的设计者选择太多过分详细的作业（实际上是任务），而每项作业需要确定一个作业动因。组织必须在更高的准确度与管理工作之间，以及更加复杂的成本核算系统的操作难度之间，进行权衡并做出决定。

ABC 系统的信息来源

开发 ABC 系统所需的信息主要来源于三个方面：人员、总分类账以及组织的信息技术（IT）系统。

（1）作业执行人员可以提供组织作业、所消耗的资源以及所使用的绩效衡量指标的相关信息。

（2）总分类账提供组织成本要素的相关信息。在某些情况下，ABC 系统可以从工资单和应付账款系统中直接提取数据，而后者在总分类账系统进行汇总。

（3）IT 系统提供的是产出衡量数据。总的来说，组织的 IT 系统应包含与绝大多数成本对象、资源以及作业成本动因相关的信息。例如，应付账款系统应当提供已付款的发票数量（一项潜在作业动因）的相关信息。

跨职能的 ABC 项目团队包括来自 IT 职能部门的代表，这可以帮助团队确定交易及其他 IT 系统中是否已经具备所需信息，并有助于信息的获取和处理。然而，开发 ABC 系统所需的一些数据来自针对组织人员进行的访谈和调查问卷，因为这两种形式才是此类信息的最佳来源。

重要的一点是，在确定正确设计系统所需的细化程度时，ABC 项目团队需要保持理性。为了准确计算不相关项目的成本，项目团队最好能对相关项目做出可靠的估计。因此，团队成员一定不能过分关注细节，而是应该时刻牢记重要性概念和帕累托的"80 - 20"原则（20% 的所有潜在可用信息可以解释 80% 的结果）。

访谈过程可以辅以流程映射、价值链或价值流分析等工具，这些工具有助于记录数据收集流程的成果，并整合信息以确保其完整性、易于理解并可随时用于分析。如第七部分所述，这些工具受到运营和质量组织推崇，用以消除浪费、专注于增值作业以及提高生产力。

涉及作业成本核算的价值链或价值流分析需要将组织的流程细分为不同的战略作业。从根本上来说，这是将端到端的业务流程分解为属于每个业务流程的作业活动。这些作业为组织提供了创造客户价值的基础。

将业务流程妥善细化是一项挑战，会计师往往对业务流程进行过度分解。分解是将一项作业的动词与名词结构进行细化的结果。例如，一项作业"处理发票"可以分解为"处理国内发票"和"处理国际发票"。站在 ABC 的角度，每项作业的时间用量和成本数额将汇总得出更高的合计数，但是将它们加以分解能够提供更好的结构，以利用自身的独特作业动因来追踪每项作业。由此造成的结果就是，组织能够更加准确地区分处理国内发票与处理国际发票的单位成本（由于后者涉及额外的步骤，单位成本可能更高）。如果未能根据发票类型对每个已处理的发票的单位成本进行分解，那么得出的结果将是两种类型发票的平均单位成本。ABC 实际上是一种"去平均化"的技术。然而，在某种程度上，通过 ABC 获得的见解和成本数据准确性的提高有些得不偿失。通常，你不希望将作业划分为任务。请记住，细化程度和准确度需求取决于需要成本数据而做出的决策。

如果战略作业活动在运营成本中占了很大比例、有别于竞争对手开展的作业，或者能够将市场中的产品或服务区别开来，那么，组织应将战略作业活动视为独特的作业活动并单独分离出来。[①]

流程图按时间顺序排列作业，不涉及将这些作业重新分配给最终成本对象——图 5 中三个成本视角的底部。而 ABC 成本法与之相反。相比之下，在任何期间，ABC 通常不考虑作业在时间上是如何关联的——不论一项作业是发生在另一项作业之前还是之后。在某种意义上，在 ABC 成本法下，最终成本对象是无关时间的，但具有多重敏感因素。

相比之下，作业的流程视角具有多个盲点，但对时间序列敏感。图 11 和图 12 说明了这种差异。

---

① 为了更完整地描述价值链分析，见 John D. Shank and Vijay Govindarajan, "Strategic CostManagement and the Value Chain," *Journal of Cost Management*, Winter 1992, pp. 5 - 21; and Shank and Govindarajan, "Strategic Cost Analysis: The Crown Cork and Seal Case," *Journal of Cost Management*, Winter 1989, pp. 5 - 16.

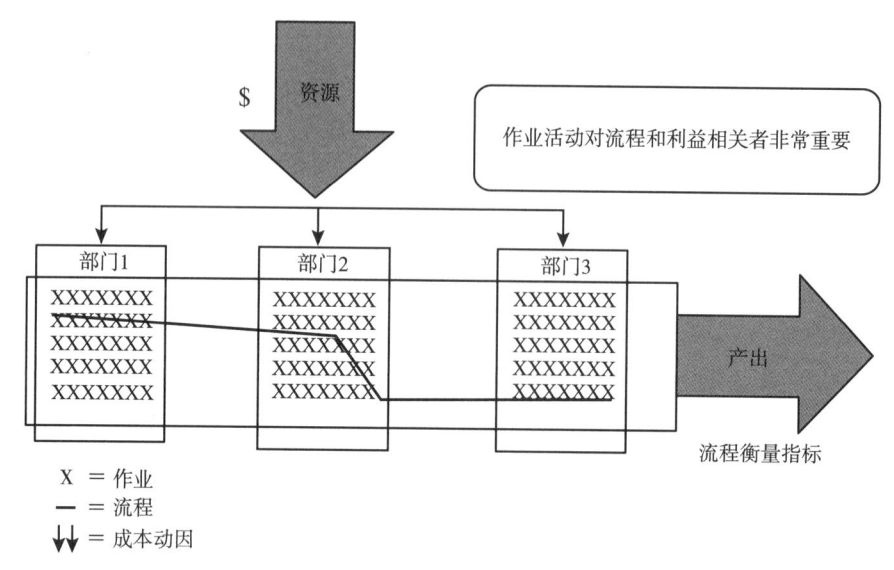

图 11　流程视图

资料来源：Gary Cokins。

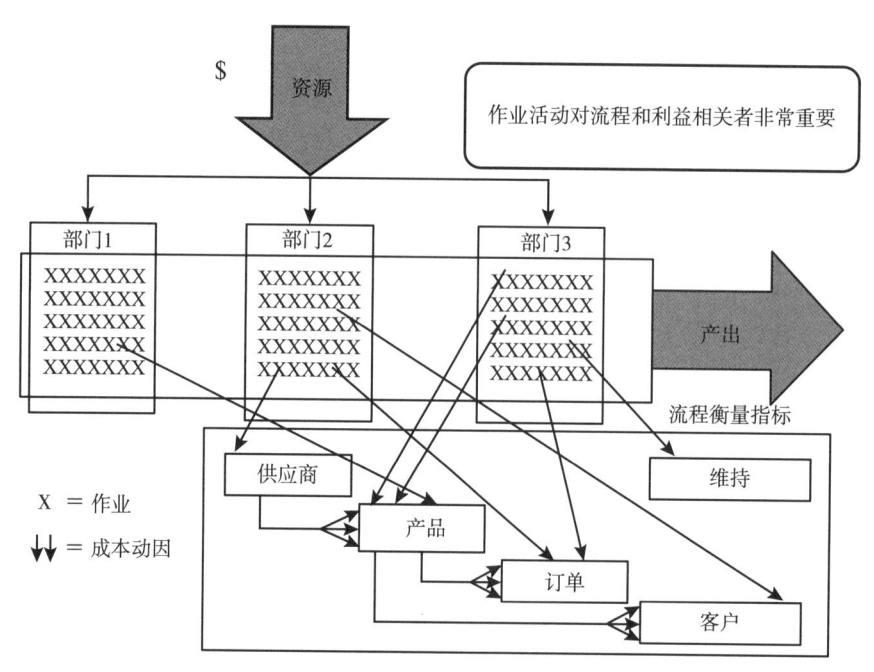

图 12　最终成本对象视图

资料来源：Gary Cokins。

组织通常可以通过一些记录发现其他有用的数据。这些记录为员工的非正式系统提供操作支持，而员工保留这些系统是因为他们不信任正式的会计系统或是因为他们所需的数据不能通过正式系统获取。这些数据可以是财务数据，也可以是非财务数据。尽管存在一个无效的成本系统，但这些员工需要完成他们的工作，他们通常会积累大量的相关数据，而这些数据能为一个妥善设计的 ABC 系统提供支持。

最后，理性观察有助于收集有价值的信息。通过充分了解 ABC 的基本理念，在观察组织的产品生产或服务提供过程中，观察者能够发现成本系统与现实世界之间存在的差异。

十二、实施最终的 ABC 系统

在图 5 中，多阶段的成本分配系统是 ABC 项目团队必须设计的高层级通用结构，但在较低层级上得以扩展。可以将其视为比例模型，必须对其进行扩展和分解，以便形成一个可重复运用的永久性成本核算系统。

图 13 说明了利用迭代重构方法的 ABC 快速成型技术，这已被证明是一种有效的实施方法，避免了 20 世纪 90 年代 ABC 系统遭受的"滑铁卢"。过往的方法假设 ABC 是一个庞大的系统，需要投入数月时间来构建大型组件（如员工时间收集系统），最后再全部组装和集成起来。这种方法有时会行不通，这是因为高管人员开始怀疑是否值得这样做，特别是就维护这个模型所需付出的努力而言，而最终结果却是如此复杂，甚至连会计师都无法理解。

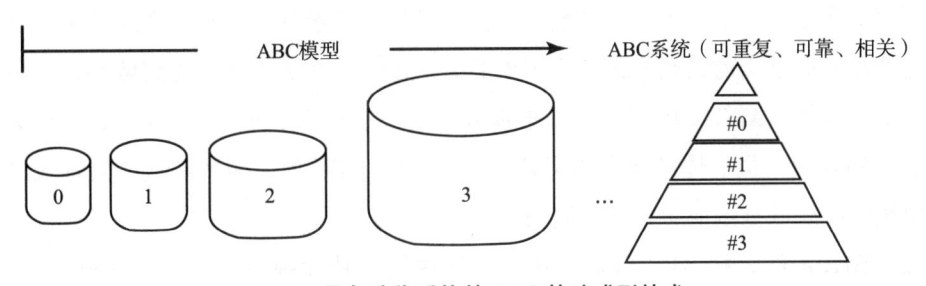

图 13　具备迭代重构的 ABC 快速成形技术

资料来源：Gary Cokins。

ABC 快速成型方法具有以下优势：

（1）防止 ABC 系统被过度设计和过分追求细节。成本信息是否准确的主要决定因素是成本分配路径流动结构的设计。也就是说，正确的动因衡量指标对成本准确度的影响要小得多。需要牢记的是，期间总分类账费用基本上能够100%正确地转换为计算成本。使用员工估计数据而不是从其他业务系统的数据源中提取更准确的信息，会导致动因存在一定的不准确性，但这通常影响极小，并且大多数错误随着成本分配网络的进一步向下延伸而被逐步吸收掉（即错误抵消）。如果不了解成本核算的这一属性（这确实有违直觉，但是在 ABC 模型构建完成之后，这一点将变得显而易见），其结果就是执行了过多的管理工作来收集交易性输入数据并将其转换为成本。

（2）初始模型虽然尚未满足所需的准确度要求（绝不可能是100%）或对作业、产品或客户进行妥善分解，但却加速了学习过程，并将重点从构建一个更为完善的成本系统转向确定如何最好地应用经过改善的成本信息来为利润率分析（战略成本管理）以及生产力提高（运营成本管理）提供决策支持。人们的关注重点从争执如何得出新的成本转向信息如何形成决策来提高利润。

（3）管理人员对 ABC 原则以及如何使用 ABC 信息进行组织式学习。通过将 ABC 应用于自己的组织就能够加速学习过程；因为与通过虚构公司的案例研究或示例学习相比，通过这种方式，管理人员能够了解组织当前的业务问题和流程，会更加积极地学习 ABC，从而使理论成为现实。

（4）正确地构建层级恰当的最终 ABC 系统、选取驱动因素、确定哪些驱动因素需要做出估计或需要提取数据等都是非常困难的工作。具有迭代能力的 ABC 快速成型方法容许早期出现错误而不是后期出现错误，因为后期错误的纠错成本非常高昂。

（5）一些员工可能担心披露新的成本信息，或者与现有的报告成本相比，感觉成本分配的变化给自己带来了不利影响。例如，虽然产品经理认识到其产品不再是最有利可图的产品，但是当前的利润排名比想象要低得多。这些员工感觉受到威胁，所以表现出对变革的抗拒。ABC 实施工作更多地涉及习性变化管理，而不是 ABC 数学计算。通过向选定的管理人员群体简要介绍早期 ABC 原型，ABC 项目团队和这些管理人员能够制定出风险缓解计划以应对预期的阻力。

（6）组织能够根据 ABC 信息更快地做出决策，从而提高 ABC 项目的投资回报率（ROI）。在简要了解早期的 ABC 成本迭代之后，高层管理人员将发现这些信息既验证了他们通过直观思考得出的结论（但由于现有的成本系统没有披露这些信息而导致信息被扭曲），也报告了与他们的想法（由于现有成本系统提供的成本存在缺陷，形成的想法受此影响）截然相反的成本。根据这两个结果，他们很可能做出改变——依据初步的

ABC 信息形成的决定。任何一个投资或项目的 ROI 是否能够得到提高，主要影响因素是现金流入（源于收入增加或成本节约）的形成速度。

后续的实施步骤是将最新的 ABC 迭代模型转换为可重复的永久性生产系统，此时，常识能够助一臂之力。届时，成本分配结构已经完成设计，所有动因（资源、作业和成本对象用印）也得到了确认。事实上，定义数据需求所涉及的 IT 工作已经完成。

余下的任务是自动将数据导入计算模型，实现流程的常规化（如每月循环）并生成报告。幸运的是，总分类账、销售订单和运营系统（如企业资源计划或 ERP 系统）是通用的，在编写 ABC 建模软件并填充数据时，它们可以作为原始交易数据的来源。动因数据可能不易获取或尚未得到计量，但是，熟悉自身流程的职能部门员工可以对动因数据做出估计。如果费用或作业成本涉及的金额不是太大，那么，利用合理的估计数据不会引发重大的成本核算错误，也不会对明智决策的制定带来潜在影响。

十三、确保 ABC 作为可持续系统得到成功应用

如果没有人懂得如何使用信息，那么，即便最好的 ABC 系统也无用武之地。有一个笑话，一个未经训练的终端用户手拿 ABC 报告，口头却说："我觉得自己像只看电视的狗，简直一头雾水、不知所云。"与设计和实施一个理论健全、维护良好的系统同样重要是，组织需要确保：①管理层接受了概念以及如何使用 ABC 方面的相关培训；②管理层所收到的报告不仅有用而且易于理解；③ABC 信息需要保持最新状态。

在确保 ABC 系统的可持续性时，一个重要步骤是在项目启动之初就获得管理人员的认同和"签核"，让他们相信存在缺陷的过时方法不适合继续使用，那会让他们无法获知和了解公司绝大部分成本习性。同样，ABC 快速成型方法有助于确保 ABC 得到认可和接受。随着新系统开发的推进和发挥有效作用，每个管理人员都应该了解新的 ABC 系统是如何克服以前系统的不足和相关问题的，以及新的成本核算系统将如何提供信息并帮助每个管理人员做出更好决策。实现这一目标的方式之一是利用相关数据生成新报告，取代那些已经发布但鲜少被使用的旧报告。

在规划 ABC 实施工作时，有效的做法是确定 ABC 信息的关键目的，将这些目的牢记于心，并逆向开展工作。也就是说，使用 ABC 数据一定要有令人信服的理由，如获得更好的价格报价、做出更好的利润率估计。经过精心设计的 ABC 系统也可作为预算修正、工作规划以及产能资源规划的基础。最终，管理会计信息被用于许多不同的目

的。如果几个关键目的得到满足，那么，其余目的最终也将得到考虑和满足。

ABC 系统必须保持最新状态以避免逐步输入不准确的成本数据。定期（通常为每月）对模型进行重新计算时，更新工作所使用的总分类账费用通常都是准确的。组织并不需要重新收集所有的动因数据，只需收集那些发生波动的数据，其余数据可每季度或每半年定期进行重新分析或重新估计。这样操作能降低效益成本比率的分母，提高 ABC 的投资回报率。在新流程、作业活动、产品、渠道以及客户方面，对结构性 ABC 模型的维护工作保持时刻警惕是十分必要的。

十四、ABC 商业软件

一些组织最初使用个人电脑和电子表格软件来构建 ABC 模型。这些组织对总分类账的费用科目进行分组合并，将未定义的作业整合为各项流程，按相似性将产品和客户合并为不同类别和部分。利用电子表格创建的 ABC 模型会"遭遇瓶颈"，人们会逐渐认识到："行列"数学逻辑具有局限性，需要进行多阶段分配并加以分解，且涉及太多行列计算。也正是在这一阶段，人们认识到 ABC 电子表格永远不能将 ABC 模型转化为可靠的、可重复的 ABC 系统。因此，ABC 商业软件包成为组织的唯一选择。

ABC 商业软件旨在将 ABC 与总分类账、销售和运营系统（如 ERP）对接起来。软件本身按照计算多阶段成本分配网络的目的进行设计，而后，加载原始交易数据，并自动完成繁杂的成本计算工作。

一些 ERP 软件包包含 ABC 模块，但是许多动因数据可能来自 ERP 系统之外的多个不同数据源。此外，ERP 软件供应商通常优先考虑基于交易的经营和控制的事项。具备高级建模能力已成为 ABC 商业软件的发展趋势。这些软件包具备的功能通常能够从多维视角报告成本，并显示可见的成本分配路径并快速灵活地重新构建分配路径。随着 ABC 软件建模能力的进一步发展，ABC 软件已经能从数量和组合变化的角度反映费用和成本习性；未来，ABC 软件在预测和预估分析方面的可靠性将得到进一步提高，进而能够评估各种假设情景。

最先进的 ABC 商业系统搭建在一个单一的、集成的信息平台之上，这个平台已通过不同来源来提取和梳理数据（尽管仍然可以直接访问数据源），如今在普遍被称为商业智能的系统（用于企业绩效管理）中，由于管理会计只是其中的一个组成部分，因此，如果将绩效管理组合的所有组成部分（包括客户关系管理分析）连接起来，那么将产生协同作用。计分卡和仪表板应用程序越来越受到欢迎，ABC 系统能为它们提供关键绩效指标（KPI），且 ABC 信息不仅帮助组织监控仪表板的 KPI 数据，更为重要的是，它还能移动这些数据。此外，这些系统还提供了基于网络的强大查询和报告功能组织不再需要集成系统。

十五、结　束　语

ABC 是一个强大的管理工具，为了解决传统成本会计核算和成本管理实践的无效性，而不断变化发展。当人们认识到总分类账的成本中心和会计科目费用数据表在计算成本、显示成本、帮助理解动因方面存在结构性不足的时候，ABC 就赢得了人们的支持。人们意识到，与使用 ABC 原则来追踪成本相比，广泛的成本分配会产生奇怪的、扭曲的、具有误导性的成本。

由于所有业务产出（包括各类供应商、产品、服务、渠道和客户）不断增加，导致复杂性增加以及用于管理这些复杂性的间接费用增加，所有这些因素推动了 ABC 的应用。负责质量和精益工作的管理人员要求他们的销售人员实现"标准化"，但这不能消除客户的个性化要求。负责精简流程和清除浪费的运营经理认识到，ABC 数据有助于开展比较基准管理以及量化非增值成本和造成利润下降的质量成本的规模。

衡量客户盈利水平和价值（其中大多数公司很少能超越产品成本核算）的诉求不断升级。对于绝大多数公司来说，产品正在成为商品，它们必须进行转变，为不同客户提供差异化服务，以便获得竞争优势，实现股东财富最大化。它不再是简单地增加销售额，而是以有利可图的方式实现销售增长。ABC 原则也可应用于位于产品毛利率科目之下的费用，而且相对于产品成本，与客户相关的服务成本可能更为重要，更需要加以理解。

虽然如此重要，但 ABC 并不是灵丹妙药。如前所述，成本管理应该始终在更广泛的绩效管理框架下加以实施，绩效管理融合了时间、质量、服务水平、风险、产能规划以及成本等多个维度。鉴于此，组织需要了解其成本结构。拥有一个诸如 ABC 的管理会计系统，帮助组织形成这一理解，这对于所有利益相关者（员工、社区、忠诚客户和股东）而言都是至关重要的。

术 语 表

作业动因（activity driver）：将成本从作业分配给成本对象的一项因素，是成本对象使用某项作业的频率和强度的衡量指标。

产能（capacity）：可用于满足客户产品或服务需求的实体设施、人员和流程。产能通常指机器、人员、流程、工厂、产品或服务的最大产量或生产能力。

成本动因（cost driver）：作业的衡量指标，它是实体发生成本的因果因素。例如：直接工时、机器小时、占用的车床、计算机使用时间、飞行小时、里程以及合同。

成本对象（cost object）：成本对象是指需要成本数据并能为之累计和计量流程、产品、岗位、资本化项目等成本的职能、机构部门、合同或其他工作单元。

成本对象动因（cost object driver）：其他成本对象对某个成本对象提出需求的频率和强度的最佳单一量化指标。

资源动因（resource driver）：某项作业所消耗的资源数量（如作业占用的面积）衡量指标。

参 考 书 目

著作

James A. Brimson, *Activity Accounting: An Activity-Based Costing Approach*, John Wiley & Sons, New York, 1997.

Gary Cokins, Alan Stratton, and Jack Helbling, *An ABC Manager's Primer: Straight Talk on Activity-Based Costing*, McGraw-Hill, New York, 1993.

Gary Cokins, *Activity-Based Cost Management: An Executive Guide*, John Wiley & Sons, New York, 2001.

Gary Cokins, *Activity-Based Cost Management Making It Work: A Manager's Guide to Implementing and Sustaining an Effective ABC System*, McGraw-Hill, New York, 1996.

Ernest Glad and Hugh Becker, *Activity-Based Costing and Management*, John Wiley & Sons, New York, 1996.

Douglas T. Hicks, *Activity-Based Costing: Making It Work for Small and Mid-Sized Companies*, John Wiley & Sons, New York, 2002.

Robert S. Kaplan and Robin Cooper, *Cost & Effect: Using Integrated Cost Systems to Drive Profitability and Performance*, Harvard Business School Press, Boston, Mass., 1998.

Michael C. O'Guin, *The Complete Guide to Activity-Based Costing*, John Wiley & Sons, New York, 2001.

教科书

Edward Blocher, *Cost Management: A Strategic Approach*, 5th edition, McGraw-Hill, New York, 2006.

Ronald W. Hilton, *Cost Management: Strategies for Business Decisions*, 3rd edition, McGraw-Hill, New York, 2006.

文章

Peter C. Brewer, Paul E. Juras, and E. Richard Brownlee II, "Global Electronics, Inc.: ABC Implementation and the Change Management Process," *Issues in Accounting Education*, February 2003, pp. 49–69.

Stephen Bruesewitz and John Talbott, "Implementing ABC in a Complex Organization," *CMA*, July/August 1997, pp. 16–19.

Gary Cokins, "Identifying and Measuring the Cost of Error and Waste," *Journal of Cost Management*, March/April 2003, pp. 6–13.

Gary Cokins, "Measuring Profits and Costs across the Supply Chain for Collaboration," *Journal of Cost Management*, September/October 2003, pp. 22–29.

Gary Cokins, "Measuring Customer Value: How BPM Supports Better Marketing Decisions," *Business Performance Management*, February 2006, pp. 13–18.

Robin Cooper and Regine Slagmulder, "Designing ABC Systems for Strategic Costing and

Operational Improvement," *Strategic Finance*, August 1999, pp. 18 – 20.

Robin Cooper and Regine Slagmulder, "Activity-Based Budgeting—Part 1," *Strategic Finance*, September 2000, pp. 85 – 86.

Robin Cooper and Regine Slagmulder, "Activity-Based Budgeting—Part 2," *Strategic Finance*, October 2000, pp. 26 – 28.

Robin Cooper and Regine Slagmulder, "Activity-Based Cost Management System Architecture—Part Ⅰ," *Strategic Finance*, October 1999, pp. 12 – 14.

Robin Cooper and Regine Slagmulder, "Activity-Based Cost Management System Architecture—Part Ⅱ," *Strategic Finance*, December 1999, pp. 69 – 70.

Robin Cooper and Regine Slagmulder, "Activity-Based Cost Management System Architecture—Part Ⅲ," *Strategic Finance*, February 2000, pp. 63 – 64.

Edward Forrest, "How to Implement a Successful ABM Program," *Accounting Today*, August 25-September 7, 1997, pp. 16, 34.

Michael Gering, "Activity-Based Costing Lessons Learned Implementing ABC," *Management Accounting*, May 1999, pp. 26 – 27.

Ernest Glad, "Implementation Considerations for an ABC System," *Management Accounting* (UK), July/August 1993, pp. 29.

David E. Keys and Robert J. LeFevre, "Why Is 'Integrated' ABC Better?" *Journal of Corporate Accounting & Finance*, March/April 2002, pp. 45 – 53.

John Krieger, "Establishing Activity-Based Costing: Lessons & Pitfalls," *Newspaper Financial Executives Quarterly*, Third Quarter 1997, pp. 14 – 17.

Raef Lawson, "Beyond ABC: Process Based Costing," *Journal of Cost Management*, Fall 1994, pp. 33 – 43.

Raef Lawson, "Process Based Costing at Community Health Plan," *Journal of Cost Management*, Spring 1996, pp. 31 – 43.

Mohan Nair, "The Keys to Implementing Activity-Based Management," *Journal of Corporate Accounting & Finance*, March/April 2000, pp. 37 – 42.

Mohan Nair, "Helping Ensure Successful Implementations of Activity-based Management," *Journal of Corporate Accounting & Finance*, January/February 2002, pp. 73 – 86.

Paul M. Nolan, "Critical Success Factors for Implementing an Enterprise-Wide ABC Solution," *Journal of Performance Management*, Vol. 17, No. 3, 2004, pp. 15 – 22.

Matti Sievanen and Katja Tornberg,"Process-Based Costing: The Best of Activity-Based Costing," *AACE International Transactions*, 2002, pp. CS151 – CS156.

Ken Whittaker, "Five Keys to Deploying Activity-Based Costing," *The Armed Forces Comptroller*, Winter 2005, pp. 6 – 8.

评论

有效分配和管理间接费用
——评《实施作业成本核算》

佟成生

本篇公告围绕着什么是作业成本法、如何运用作业成本管理做出决策和如何建设作业成本管理项目三个方面，从多个角度为读者介绍了作业成本管理。其翔实的成本与流程解剖、产品盈利分析和系统规划设计，可以为相关的管理者和研究者提供许多有价值的建议。

一、什么是作业成本法

（一）作业成本法和传统完全成本法

工业自动化时代的到来使得许多企业内部生产方式发生了转变，大量的机器输出代替以前的手工制造使得企业的间接费用大幅增长，间接费用逐渐超过一些直接成本成为企业生产决策的关键因素。与此同时，随着消费者日益增长的个性化需求，大多数企业都在不断地丰富其产品和分销渠道，差异化程度的提高也会进一步增加间接费用。

在传统的成本核算方法中，间接费用通常以产量为基础进行分配。但在现实的经济活动中，许多间接费用与其他变量而不是产量存在因果关系，单一地使用产量对间接费用进行分配会导致产品成本的扭曲，并最终使得管理者依据错误的产品盈利信息做出不当的决策。随着间接费用在现代企业生产活动变得越来越重要，继续使用传统的成本核算方法将会给企业的未来经营带来许多阻碍。

作业成本法（ABC）可以有效地解决这一问题。作业成本法运用更具关联性的成本驱动因素使得企业成本核算更为合理，运用这一方法使得产品和服务的成本和盈利率发生了改变，让企业从传统扭曲的成本信息中解放出来。作业成本法具有可追溯性，企业可以重新审视哪些产出能真正带来收益，增加对有发展潜力产品的投资，并放弃盈利能力不足的产品。

（二）两阶段 ABC 成本法和多阶段 ABC 成本法

在两阶段 ABC 成本法中，第一阶段将总分类账中的资源按资源动因分配到作业，第二阶段将作业中的成本按作业成本动因分配到具体的成本对象。相较于总账视图，ABC 信息更加清晰地解释了产品成本中的开销项目、消耗动因以及开销的目的。

多阶段 ABC 成本法是两阶段 ABC 成本法的拓展，进一步深化了两阶段 ABC 成本法作业直接分配到成本对象的这一过程。在多阶段 ABC 成本法中，重点在于具有因果关系的成本流动，而不拘泥于部门或者作业的限定。公告使用养护作业定义为其他工作提供支持的作业。一般来说，作业成本共分为四种类型：单位级作业成本、批次级作业成本、品种级作业成本和生产维持级作业成本。文章中的养护作业包含了后三种作业，养护作业中的成本会继续在最终成本对象和中间成本对象中进行分配，使得成本计算的结果更加精确。

二、如何运用作业成本管理做出决策

（一）战略成本管理

公告站在公司的角度解释了 ABC 法对于企业管理决策的帮助。ABC 法可以有效地解决使用传统成本核算方法而造成的成本扭曲问题，进一步揭示企业盈利和亏损的来源。但不盈利的客户就一定要被企业放弃吗？公告从企业战略的高度思考认为，保留一些不盈利的客户也是企业的一种战略。保留这些客户的目的是为了通过他们认识有利可图的客户，希望从有利可图的客户中获得的收益能超过在不盈利客户上消耗的成本。同时，公告重点提到了"未利用产能"，这一点经常在研究和实际运用中被忽略，但其对于 ABC 项目的实施至关重要。当企业放弃不盈利客户时就会造成"未利用产能"，如果企业不能将其产能转移至盈利的作业上，或者完全剔除这一部分产能，那么将会造成某些产品成本被计算过高，进而导致企业做出错误的决策，同时对 ABC 法产生误解。

（二）运营成本管理

公告认为最终产品是由许多作业成本叠加形成的，这意味着企业可以根据 ABC 信息对一些产品的作业成本进行调整，将其不同的作业成本与相应的责任部门对应，使企业内的生产流程和资源配置得到优化，最终达到盈利最大化的目的。这打破了传统成本核算方法中认为间接费用是一个整体的观点，为企业经营精益求精、提高利润率提供了方法。公告提出了降低成本的三个方法，这三个方法从企业和顾客两个维度全面地演绎了 ABC 法在运营管理中的运用。从企业角度出发，公告认为减少作业动因的数量、频率、强度和提高生产力降低作业动因的成本分摊率，可以有效地降低作业成本。在 ABC 法中，企业可以轻易地找到导致产品成本过高的作业动因，两个方法分别从量和质两个方面降低该作业动因对产品成本的影响。从顾客角度出发，报告认为减少无效作业可以降低产品成本。一般来说，站在客户角度，我们将作业分为增值作业和非增值作业，能够增加顾客价值的即为增值作业，其余的则为非增值作业，也就是报告中提到的无效作业。无效作业在企业中常见的有：生产过程中的等待作业、残次品重复作业和由于订单信息不准确而造成的无效益作业等。通过 ABC 法识别出无效作业，并对其进行改善有利于降低产品的最终成本。

（三）客户盈利水平报告

区分不同类别的客户对于企业来说至关重要。什么类型的客户是贡献利润最高且耗费成本最低的？什么类型的客户看上去是有利可图但由于其个性化需要导致成本过高的？什么类型的客户虽然不能给企业带来收益但出于业务维持原因不能放弃的？这些问题都需要明确的客户细分定位，公告认为 ABC 法可以为企业提供一定的参考答案。通过对不同客户成本追根溯源，在寻找成本动因的同时还可以对客户的盈利水平进行分层。当管理层获得客户的更多详尽信息时，可以揭开原来客户平均利润率的面纱，剔除盈利能力不足的部分，提高整体收益率。同时，公告也提供了应对客户盈利水平报告可以采取的措施。

三、如何建设作业成本管理项目

（一）建设作业成本管理项目的原则

建设作业成本管理项目时一个最重要的原则在于，拥有质量更好的成本核算信息的好处要大于为获得信息而付出的额外管理工作。只有建立在这个原则基础上的作业成本管理项目建设才是对企业有正面效应的。在建设作业成本管理项目的过程中，过分地追求细节可能会增加项目实施的风险。作业成本管理项目的团队应该在设计中保持理性，帕累托的"80-20"原则提示我们20%的所有潜在可用信息可以解释80%的结果，成员应根据重要性原则对企业实际经营中的作业进行筛选，专注于对增值作业的提高。

（二）确定作业成本管理系统的目标

建设作业成本管理系统可以有不同的目标，例如改善运营、提高盈利能力等。在系统建设初期，企业应该确定好想要实现的目标，不同的作业成本管理系统目标会影响作业活动确定、成本要素识别等一系列因素。

（三）作业成本管理项目的建设

在项目建设初期，应完成项目管理结构的设计和项目落地的计划。管理结构应当采用总—分的结构，最高级别是由高级管理人员组成的指导委员会，在指导委员会的下面是一个由许多不同职能部门成员组成的团队，团队成员渗透在公司的不同部门和岗位能够确保作业成本管理项目可以得到公司上下的一致认可。公告中提到的一个观点值得许多企业深思：虽然是由管理会计师对作业成本管理系统中的ABC信息进行分析，但是作业成本管理系统的使用与维护并不应该完全由会计部门负责。ABC信息本身强调的就是作业成本之间的因果关联，只有将作业成本管理系统覆盖至整个组织，其分析出来的数据才是有效的。

在项目的建设中，应当按照作业活动的确定、成本要素的识别、作业与成本因果关系的确认和作业驱动因素的识别与计量为流程，一步步收集ABC数据，构建作业成本管理系统。公告中指出，作业成本管理系统的数据主要来源于人员、总分类账和信息技术系统。

四、总结

随着工业化进程的推进和消费者需求的日益丰富，间接费用正逐步取代直接费用对企业生产经营产生越来越大的影响，在这个背景下，相较于传统成本核算方法，ABC成本法可以为企业提供更加有效的成本管理信息，成为当代企业经营重要的管理工具。

本篇公告具有很强的实践指导意义，从最初的系统目标规划、中期的流程梳理、信息采集，到后期的软件维护，介绍了作业成本管理项目建设的全过程，对于有意进行该项目建设的企业具有很大的借鉴价值。同时公告中包含了许多成本管理分析和决策方法，可以有效地指导企业正确利用作业成本管理信息，使其价值最大化。

除此之外，本篇公告也具有理论研究意义。公告对多阶段 ABC 成本法进行了翔实的介绍和可视化分析。目前大多数理论研究仅涉及两阶段 ABC 法而未对多阶段 ABC 法进行定义，在实际中，多阶段 ABC 法更符合企业的经济活动，具有更高的理论价值，公告正好可以弥补这一方面的空白。同时，公告进一步归纳了战略成本管理和运营成本管理，使 ABC 管理信息的应用更为系统化，为之后绩效的评价提供了基础。

法务分析和管理会计师

关于作者

萨拉·杜塔（Saurav Dutta，CMA）博士是一名副教授，曾担任位于奥尔巴尼市的纽约州立大学会计和商法系系主任。他曾就读于印度孟买的印度理工学院，获得了航空航天工程专业的技术学士学位；在堪萨斯大学获得了会计学博士学位。杜塔是一名美国注册管理会计师（CMA），因在1989年6月的CMA考试中获得了第二高分而被授予罗伯特·拜尔（Robert Beyer）银质奖章。

一、执 行 摘 要

管理会计师掌握了包括数据分析在内的独特技能，拥有比财务会计师更为宽广的商业视角。管理会计师并不局限于内部财务数据，而是从财务、营运、效率以及效用等方面的衡量指标入手，全面考察整个组织的绩效，并将这些指标与宏观经济数据结合。除了内部业务部门之外，管理会计师通常还能够与整个商业世界进行互动。一个典型的管理会计师除了掌握财务规则和相关信息之外，还需要了解政治、经济以及社会对组织所处行业或所开展业务的影响。因此，管理会计师具备绝佳优势，通过将注意力转向异常现象以及与商业和经济大趋势明显不相符的公司、分部或个人绩效，从而为法务会计贡献自己的力量。本公告总结了近期涉及管理层和员工的舞弊案件，建议通过使用管理会计工具和技术来帮助组织尽早识别舞弊行为。

关键词：舞弊三角；风险地图；聚类分析；关联分析；异常值分析；Beneish 模型；差异分析；预算编制；边际收益

二、引　　言

美国注册舞弊审核师协会（ACFE）发布的 2014 年度的职务舞弊与滥用国别报告中提道："舞弊无处不在，一旦发生，没有本质上的区别。虽然反舞弊控制措施能够有效地降低舞弊的发生可能性和潜在影响，但事实是没有实体能够完全免受舞弊的威胁。"[1]

该报告估计，一个典型组织每年因舞弊造成的损失约为其收入总额的 5% 左右。[2] 而从全球范围来看，舞弊造成的损失预计高达 3.7 万亿美元。仅有 14% 的组织能够完全挽回舞弊损失，平均有 58% 的组织无法挽回任何损失，预防以及早期识别舞弊是组织中每个财务专业人士的职责所在。困扰企业的舞弊无外乎以下三种职务欺诈：财务报告舞弊、挪用资产和贪污。2014 年，舞弊造成的损失中位数为 14.5 万美元，其中 22% 的

---

[1] Association of Certified Fraud Examiners (ACFE), "Report to the Nations on Occupational Fraud and Abuse: 2014 Global Fraud Study," 2014, p. 6, www.acfe.com/rttn.aspx.

[2] Association of Certified Fraud Examiners (ACFE), "Report to the Nations on Occupational Fraud and Abuse: 2014 Global Fraud Study," 2014, p. 4, www.acfe.com/rttn.aspx.

案件造成的损失至少为 100 万美元。① 本公告重点关注前两类舞弊,即财务报告舞弊和挪用资产。

作为首份关注舞弊风险的管理会计公告,本公告阐述了如何通过采用管理会计技术将管理会计师的注意力转向舞弊造成的异常现象。本公告伊始简要概述了企业风险管理(ERM)系统、舞弊三角、风险地图以及由美国反虚假财务报告委员会下属发起人委员会(COSO)在 2013 年更新的《内部控制——整合框架》(*Internal Control—Integrated Framework*);接下来,讨论了为什么舞弊识别是包括管理层、审计师以及员工在内的组织各类成员的共同责任;随后,简要介绍了一些著名的公司舞弊和员工舞弊案例,说明了传统的管理会计技术如何才能成为法务分析工具;最后,介绍了能够更好地匹配大数据环境的新技术和能够持续监控组织数据的技术进步。

三、风险框架和管理会计师

在开展业务和获取利润的过程中,每个组织都会承受或多或少的风险。对公司的管理层来说,风险管理的重要性在不断上升。身为财务专业人士,管理会计师在管理和评估风险的过程中被赋予了越来越多的责任。本部分将介绍企业风险管理(ERM)、风险地图、COSO 委员会在 2013 年更新的《内部控制——整合框架》以及舞弊三角的基本知识(导致舞弊发生的因素)。

(一)企业风险管理

ERM 摒弃了以往各部门条块分割、各自为政的风险管理模式,取而代之的是一个从综合及整体视角来审视组织面临的风险的管理模式。在《企业风险管理——整合框架》(*Enterprise Risk Management—Integrated Framework*)中,COSO 将 ERM 定义为:

(1)一个贯穿整个实体的持续进程;

(2)由组织内各层级人员实施;

(3)应用于战略制定;

---

① Association of Certified Fraud Examiners (ACFE), "Report to the Nations on Occupational Fraud and Abuse: 2014 Global Fraud Study," 2014, www.acfe.com/rttn.aspx.

（4）应用于整个企业的各个层级和部门，包括建立实体层级的风险组合观；

（5）旨在识别一旦发生就会对实体造成影响的潜在事件，并把风险控制在风险偏好之内；

（6）能够为实体的管理层和董事会提供合理保证。

力求实现一个或多个相互独立但又存在交叉的目标。[①] 该定义清楚地界定了 ERM 是每个人工作职责的组成部分。随着 ERM 对商业组织的重要性不断提升，管理会计师被赋予了越来越多的责任。拉里·怀特（Larry White，IMA 全球董事会前任主席）强调了 ERM 对于管理会计的重要性："所有管理会计师需要深入了解（企业风险管理）工作，明白自己能够帮助公司分析和管理财务及营运风险。"[②] 管理会计师越来越被要求从"财富的计算者向财富创造的助推者"转变，并通过参与和领导实施企业重大变革的跨职能小组来提供相应支持。[③] 在威廉·申克（William Shenkir）和保罗·沃克（Paul Walker）撰写的《企业风险管理》公告中，二者阐述了管理会计师可以为组织的整体风险管理目标带来价值的诸多方法。

在 ERM 框架从评估风险向管理风险转变的过程中，组织面临着重大的挑战。采取多重应对措施有可能缓解或避免风险，而成本会随着应对措施的不同而有所变化。组织期望在应对风险的过程中，管理会计师能够做出自己的贡献，量化各种风险来降低策略的成本，协助决策层从各种备选行动方案中选出最佳方案。对成本进行量化是组织必不可少的步骤，此举能够在识别实现净收益最大化的过程中，组织应采取的风险应对措施并使组织的风险应对措施及剩余风险与组织的风险偏好保持协调一致。[④] 成本包括但不仅限于：

（1）控制措施实施成本；

（2）保险费；

[①] Committee of Sponsoring Organizations of the Treadway Commission （COSO）, *Enterprise Risk Management—Integrated Framework: Application Techniques*, American Institute of Certified Public Accountants （AICPA）, New York, N. Y., 2004.

[②] Larry White, "Management Accountants and Enterprise Risk Management," *Strategic Finance*, November 2004, pp. 6 – 7.

[③] William G. Shenkir and Paul L. Walker, *Enterprise Risk Management: Frameworks, Elements, and Integration*, Statement on Management Accounting, IMA （Institute of Management Accountants）, Montvale, N. J., 2014.

[④] Brian Ballou, Dan L. Heitger, and Thomas D. Schultz, "Measuring the Costs of Responding to Business Risks," *Management Accounting Quarterly*, Winter 2009; and William G. Shenkir and Paul L. Walker, *Enterprise Risk Management: Frameworks, Elements, and Integration*, Statement on Management Accounting, IMA® （Institute of Management Accountants）, Montvale, N. J., 2014.

(3) 交易成本；

(4) 机会成本；

(5) 为组建战略同盟而让渡的收益。

（二）风险地图和战略

二维指标是常用的风险及其影响评估方法：可能性评估和预期成本。该指标能够借助风险地图来反映。[①] 图1表明了风险地图和风险管理战略的结果。X轴衡量的是经济层面风险的影响程度或重要性。Y轴衡量的是风险成为现实的可能性。我们可以通过观察每项风险在图中的所在位置，来预测风险的影响和发生的可能性。

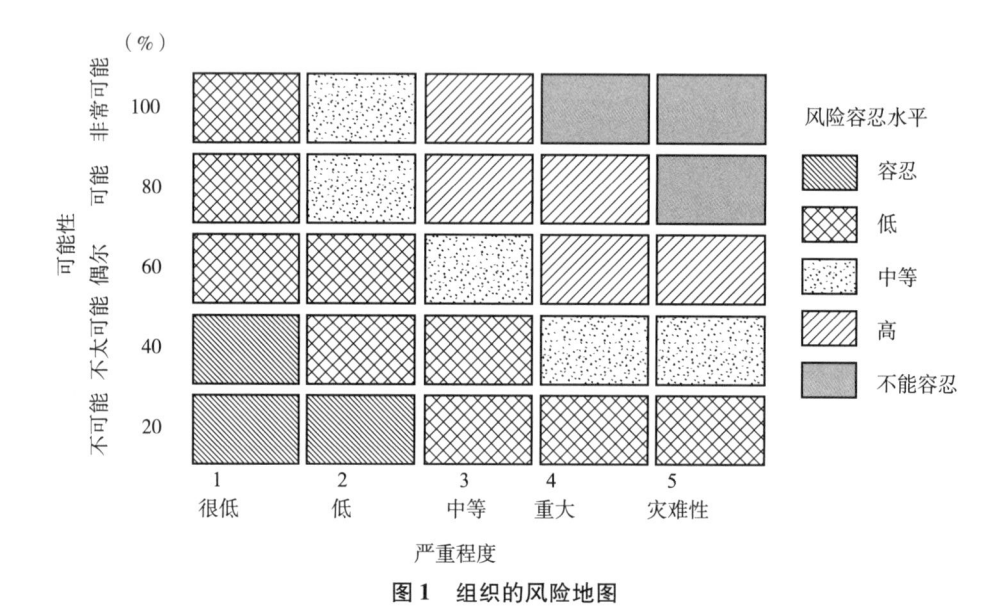

图1　组织的风险地图

根据风险在图中所处的不同位置，我们可以采取不同的缓解措施来管理风险。管理会计师能够帮助组织量化成本并基于组织的风险偏好、资源和可选方案来为组织创建符合其特定需求的风险地图模板。制定风险地图有助于管理层了解组织可用的各类风险缓

[①] Brian Ballou and Dan L. Heitger, "A Building-Block Approach for Implementing COSO's Enterprise Risk Management—Integrated Framework," *Management Accounting Quarterly*, Winter 2005; and William G. Shenkir and Paul L. Walker, *Enterprise Risk Management: Frameworks, Elements, and Integration*, Statement on Management Accounting, IMA® (Institute of Management Accountants), Montvale, N. J., 2014.

解战略及其成本收益情况。

没有任何组织能够消除其面临的所有风险。风险地图为组织提供了一个结构化框架，能够评估组织各类备选的风险缓解方案，将风险降低到可接受的水平。可接受的风险水平可以用实心对角线表示，代表恒定的预期损失。组织的风险偏好、特定风险在风险地图中所处的位置以及各种风险战略的相关成本共同决定了从原点延伸出来的斜线的长度。组织可采用的风险应对措施包括：接受风险、消除风险、降低风险、为风险投保或对早期预警系统进行投资。

"世上万物，其中一些是我们知道自己已经有所了解的，一些是我们知道自己还一无所知的，但与此同时，还有一些事物是我们未认识到自己是一无所知的。"这句格言反映了风险管理的局限性。在ERM流程中，已知风险会被识别出来，而某些未知风险也将为人知晓。舞弊是我们自身不知道的未知事物的组成部分，所以系统和流程必须旨在揭示这些风险的发生率。

（三）更新后的COSO框架

金融危机期间众多知名公司纷纷破产。面对这一现实情况，COSO于2010年5月发布了一份题为《1998～2007年财务报告舞弊》（*Fraudulent Financial Reporting 1998 - 2007*）的研究报告。舞弊会造成非常大的经济影响，错报涉及的平均累计金额高达4亿美元。舞弊最常见的动机包括：

（1）迎合市场的收益预期；
（2）迎合内部的收益预期；
（3）对公司不断恶化的财务状况加以掩饰；
（4）抬升公司的股票价格；
（5）通过每股收益（EPS）或其他指标的达成来增加管理层的薪酬；
（6）出于私利挪用资产。

商业环境的多项重要变化以及持续改进的要求促使COSO在2013年更新了内部控制整合框架。自首份报告发布以来，科技的变化、业务外包方式的不断采用、法律复杂性的增加、监管以及准则已经极大地改变了商业环境。另一方面，做出改变更为紧迫的原因是自最初的框架发布以来，内部控制和公司治理发生差错的数量不断上升。

COSO在2013年5月发布了修改之后的框架。其中最显著的变化之一是总体框架由17条有效的内部控制原则组成，分列于内部控制原有的5项组成要素之下。其中，风险评估原则最为重要，包括了内部控制最重要的目标之一：预防舞弊。

COSO 的新框架明确承认了评估舞弊风险的重要性。原则扩展为四个关注点，这些关注点与《审计准则第 99 号：财务报表审计中对舞弊的考虑》（SAS No. 99）类似。COSO 和 SAS No. 99 在舞弊预防和识别方面都借鉴了舞弊三角的相关学术研究成果。

（四）舞弊三角理论

人们最可能在哪些情况下实施舞弊的相关研究相当丰富。目前的研究表明，舞弊实施者大多是中年男性白人，没有实质性的犯罪记录，通常是首次犯罪。一直以来，心理学家、社会学家、行为科学家以及许多领域的学者都试图将这类非典型罪犯的特征公之于众。唐纳德·R. 克雷西（Donald R. Cressey）对导致员工针对其所在组织实施犯罪行为的情境进行了研究，提出了今天为人所熟知且得到广泛流传的舞弊三角理论。[①] 克雷西认为，首次实施舞弊、破坏信任的欺诈者都会表现出三个特征：压力、机会和借口。

根据这个理论，个人从事非法活动一定是出于某种原因或受压力所迫。压力可能来自舞弊者自身，或者与业务有关。根据 ACFE 的调查，最为常见的个人压力之一是生活上入不敷出。其他典型的个人压力包括债台高筑、信用不良以及高昂的医疗费用。另一方面，业务压力通常包括实现收益预期、想要获得奖金以及留住投资者。

压力或动机本身还不足以导致舞弊，必须还要有实施舞弊的机会。会计行业一直在讨论如何才能更好地改进公司治理和内部控制结构，以便将个人在组织内实施舞弊的机会降至最小。组织可以采取恰当的职责分离、员工反舞弊政策、结构化的职业道德准则、高层积极的基调、匿名热线以及建立恪守职业道德的企业文化等措施，唤起员工强烈的道德感，增强识别能力。然而，当内部和（或）外部压力对个人造成强烈的影响时，人们就会迅速寻找内部控制结构的突破点。而且，即便存在充分的控制措施，管理层越权和员工共谋也会导致控制措施形同虚设。

但这仍不足以让舞弊者有动机和机会实施舞弊行为。舞弊者必须使舞弊行为合理化，找到让舞弊行为与自身道德不相矛盾的理由。这是让舞弊从设想变为现实的重要一步。此外，借口也将成为个人想法的一部分，在此基础上，舞弊者更为频繁地实施舞弊行为，对舞弊造成的实际损失逐渐变得麻木不仁。舞弊者会将舞弊行为与自身进行切

[①] Donald R. Cressey, *Other People's Money: A Study in the Social Psychology of Embezzlement*, The Free Press, New York, N. Y., 1953.

割，披上利他主义的外衣。例如，舞弊者会告诉自己，没有人会受到伤害，即使自己不实施舞弊，投资者也会损失钱财，而如果自己无法获得奖金，那么朋友和家庭就会蒙受经济损失，或是人们会因为组织停业而丢掉工作。在某些情况下，借口将会非常强烈和具有说服力，舞弊者会继续相信他们是秉持着最大的善意来实施舞弊的，即便被抓获之后也这么认为。

虽然不是每个舞弊案件都完全满足克雷西的舞弊三角理论，但这三个因素总是通过一定的形式来发挥作用。鉴于舞弊三角在理解舞弊背后的动机方面具有非常重要的作用，美国注册会计师协会（AICPA）针对克雷西归纳的三个因素逐一明确了需要进行审查的重要方面，以检查和确定组织的财务报表舞弊风险的高低程度。通常，ACFE和其他组织都依赖于舞弊三角来检查舞弊案件。通过增加一个维度，这个概念可以拓展为舞弊钻石理论。舞弊钻石理论的主要贡献是让舞弊的实施能力一目了然，在进行舞弊风险评估时可以分别加以考虑。[1]

虽然舞弊三角（或舞弊钻石）是一个有用的理论概念，但它并不适用于所有情况。舞弊者在实施舞弊之前都是经过深思熟虑的吗？有时候，重大欺诈是腐败环境、社会规范失效或者"陷阱"的产物。[2] 例如，如果只关注某一方面或视野狭窄，这也许会使重大舞弊的实施者全然不知自己在实施舞弊行为。在这种情况下，借口甚至都没有发挥作用。一个经常提及的案例是安然公司——员工是如此专注于销售目标，以至于他们根本没有意识到自己已经跨越了道德的边界。[3] 在另一个出名的案例——美国南方保健公司财务舞弊案（Health South）中，舞弊者是一个非常有魅力的反社会者，他强迫下属代表他来实施舞弊行为。[4] 反社会者常常将他们的人生视为一场游戏，为了获胜而不计代价，缺乏负罪感和悔恨感。[5] 在"好人变坏"的案例中，舞弊者犯下小错误只是为了验证自己的能力，最终却实施了数百万美元的舞弊，就像陀思妥耶夫斯基在《罪与罚》中所描绘的主人公拉斯柯尔尼科夫那样。他相信自己不会犯下谋杀罪行，而且犯了罪也

---

[1] David T. Wolfe and Dana R. Hermanson, "The Fraud Diamond: Considering the Four Elements of Fraud," *CPA Journal*, December 2004, pp. 38–42.

[2] Muel Kaptein, "The Diamond of Managerial Integrity," *European Management Journal*, February 2003, pp. 99–108.

[3] Niki A. den Nieuwenboer and Muel Kaptein, "Spiraling Down into Corruption: A Dynamic Analysis of the Social Identity Processes that Cause Corruption in Organizations to Grow," *Journal of Business Ethics*, December 2008, pp. 133–146.

[4] Weston L. Smith, "Lessons of the Health South Fraud: An Insider's View," *Issues in Accounting Education*, November 2013, pp. 901–912.

[5] Martha Stout, *The Sociopath Next Door: The Ruthless Versus the Rest of Us*, Broadway Books, New York, N.Y., 2005.

不能逍遥法外,但却好奇如果自己真的这样做了会有什么样的结果。①

四、识别舞弊:共同的责任

组织财务报告供应链的参与各方都肩负着预防和识别舞弊的责任。② 管理层、董事会、审计委员会、管理会计师、内部审计师以及外部审计师等各方都有责任确保财务报告流程的完整性,保护组织资产不被挪用,这些参与方各有职责,但职责有可能会重叠。无论个人还是集体,都有责任阻止和识别财务报表舞弊和员工舞弊。图2 简要说明了参与各方之间的关系和他们的职责。

董事会审计委员会
- 监督高层基调
- 了解舞弊风险
- 行业或业务专业知识

外部审计师

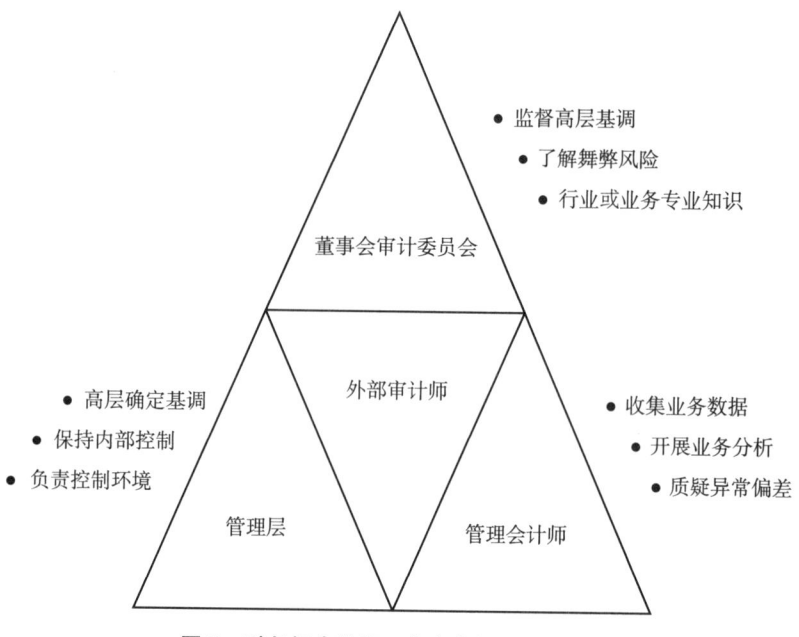

管理层
- 高层确定基调
- 保持内部控制
- 负责控制环境

管理会计师
- 收集业务数据
- 开展业务分析
- 质疑异常偏差

图2 财务报告流程:多方参与,齐心协力

除受托责任之外,管理层还对财务报告流程的质量、完整性和可靠性负有责任。全世界所有监管机构和准则都将这项责任明确地赋予管理层。一旦管理层涉及组织的财务

---

① Fyodor Dostoevsky, *Crime and Punishment*, Snowball Classics Publishing, 1867.
② Saurav K. Dutta, *Statistical Techniques for Forensic Accounting*:*Understanding the Theory and Application of Data Analysis*, Financial Times Press, Upper Saddle River, N.J., 2013.

和会计活动，那么管理会计师自然而然应对这些职能承担责任。

从公司治理的角度来看，管理会计师是预防和识别资产挪用和其他舞弊活动的绝佳人选。与董事会、外部审计师以及审计委员会等财务报告供应链的其他参与方不同，管理会计师全年身处组织内部。因此，他们能够持续不断地监控财务业绩和资产使用情况，及时对偏差情况进行评估。作为组织的员工，管理会计师在组织的任职时间通常要长于审计师，这意味着管理会计师对人员、行业实践、政策以及流程更为熟悉。而且，相较于外部审计师而言，组织内的其他员工与管理会计师讨论敏感和模棱两可的情况时，尤其是具有深远影响的问题时，可能更为放松。所以，在识别和防止组织内部发生舞弊方面，管理会计师必须发挥积极的作用。在没有或内部审计职能羸弱的小型组织中，管理会计师的重要性就更加凸显。

管理会计师是识别中低级员工资产挪用舞弊行为的最佳人选。由普通员工实施的资产挪用，其规模通常很小，只会对一个分部、业务区域或产品线造成影响，不会影响到整个组织。由于金额不大，不会影响到财务报表的公允性，所以外部审计师不太可能会注意到这种舞弊。另一方面，作为组织的组成部分，管理会计师有责任保护组织的资产。而且，管理会计师参与分部、业务区域以及产品线的成本和利润分析，能够更有效地识别分部或业务区域的重大异常现象，而这种重大异常现象虽然对于业务区域而言影响重大，但汇总起来，未必能对组织产生重大的影响。

管理会计师能够通过以下三个步骤来预防舞弊：

（1）使用管理会计工具和技术来识别重大异常偏差，例如"红旗"就是可能存在舞弊的警示信号。

（2）对所发现的"红旗"进行全面调查，确定异常和重大偏差是否存在合理的业务或经济原因。

（3）向审计委员会或适当的管理层报告调查结果。在极端情况下，管理会计师需要就观察到的没有合理解释的偏差直接与外部审计师进行沟通。

一项学术研究发现，美国主要"依靠举报者"来识别舞弊行为，这一发现进一步强化了识别和预防舞弊过程中的共同责任概念。[①] 该项研究收集了1997～2004年间，发生在美国大型公司的216起公司舞弊案件，样本的覆盖面较全。针对每个案例，研究人员对谁首先揭发了舞弊（即举报者）进行了逐一甄别。通过内部治理发现舞弊的比例为34%，组

---

① Alexander Dyck, Adair Morse, and Luigi Zingales, "Who Blows the Whistle on Corporate Fraud?" *Journal of Finance*, December 2010, pp. 2, 213 – 2, 253.

织员工发现舞弊的比例为12%（详见表1）。由此可见，美国近半数的舞弊是由内部机构和人员发现的。如果将员工舞弊和小型组织也纳入样本，那么这一比例还将更高。

表1　美国公司舞弊案的检举者（1996~2004年）

首先怀疑存在舞弊	数量（起）	百分比（%）
内部治理	74	34.3
员工	26	12.0
分析师	24	11.1
媒体	22	10.2
行业监管机构	20	9.3
外部审计师	16	7.4
美国证券交易委员会	10	4.6
其他	24	11.1
合计	216	100

资料来源：Alexander Dyck, Adair Morse, and Luigi Zingales, "Who Blows the Whistle on Corporate Fraud?" *Journal of Finance*, December 2010。

此外，ACFE还发现，相较于其他方法，通过追踪员工的意见和建议更有可能发现管理层舞弊。匿名热线是一个有效的机制，可以让员工大胆地说出自己的怀疑而无需担心报复威胁。在2014年度职务舞弊与滥用国别报告中，ACFE指出，在开通匿名热线的情况下，约有一半的舞弊线索都来自匿名热线，而在热线举报中，63%的举报涉及经理或高管人员舞弊。

总的来说，虽然公众往往认为预防和识别舞弊是外部审计师的责任，但公司内部（尤其是小型组织）的管理会计师在舞弊识别和预防方面也能发挥积极的作用。他们拥有工具、技术和数据，这让他们能够发现重大的偏差，并对原因进行调查。舞弊所导致的资产挪用及随后的掩饰活动会留下财务痕迹，让管理会计数据产生不一致。一位严谨负责的管理会计师能够通过常见的传统管理会计技术（如边际利润分析和差异分析）和更为复杂的技术（如关联分析、聚类分析和异常值分析）来发现异常现象。

五、管理层舞弊简介

本部分将简要介绍5个众所周知的公司舞弊案例。

（1）为了实现分析师的预期盈利和保持高股价，钻石食品公司（Diamond Foods）的首席执行官（CEO）和 CFO 实施了舞弊。面对不断上涨的商品价格，他们将当前会计期间发生的成本推迟到下个会计期间确认。①

（2）日本照相机制造商奥林巴斯公司的高管被指控多年来为隐瞒投资活动的未实现损失而共谋实施舞弊。②

（3）雷曼公司的破产可以说是 2007 年金融危机爆发的导火索，该公司在破产之前使用"回购 105"手段来降低自身的季度杠杆率，最终导致破产。③

（4）新兴创业公司高朋（Groupon）在开拓和进入新市场时，未能正确估计销售退货所需的准备金。④

（5）发生在 2006 年的员工股票期权追溯丑闻被认为是美国影响最广的公司舞弊之一。

（一）钻石食品公司推迟确认成本

钻石食品公司是一家主营高端休闲食品和坚果的公司，销售 Emerald 牌零食坚果、Pop Secret 牌爆米花以及 Kettle 牌薯片等，是美国最大的核桃类坚果加工商和经销商。该公司的前身是加利福尼亚州的一家核桃种植户合作社，进行包装并在全球范围内销售核桃。后来组建了公司，并主要通过收购将业务拓展至其他领域。

在秋天这个收获季节，核桃种植户会将核桃卖给钻石食品公司，公司则分三次支付货款。交货时交易双方都不知道核桃的价格，而后由美国农业部（USDA）确定价格。核桃的价格自 2009 年起就快速上涨。2008 年，每磅核桃的价格为 64 美分，2009 年是 85.5 美分，到 2010 年升至 101.9 美分，2011 年则达到了创纪录的 143.5 美分。4 年时间，核桃的价格涨幅超过了 2 倍。

2010 年 8 月 13 日，钻石食品公司向种植户支付了 2000 万美元，这是一笔不同寻常的付款。付款之后，钻石食品公司在一封公开信中解释"这笔款项是 2009 年最后一笔

---

① Mahendra R. Gujarathi, "Diamond Foods, Inc.: Anatomy and Motivations of Earnings Manipulation," *Issues in Accounting Education*, February 2015, pp. 47-69.

② Saurav K. Dutta, Dennis H. Caplan, and David J. Marcinko, "Blurred Vision, Perilous Future: Management Fraud at Olympus," *Issues in Accounting Education*, August 2014, pp. 459-480.

③ Dennis H. Caplan, Saurav K. Dutta, and David J. Marcinko, "Lehman on the Brink of Bankruptcy: A Case about Aggressive Application of Accounting Standards," *Issues in Accounting Education*, May 2012, pp. 441-459.

④ Saurav K. Dutta, Dennis H. Caplan, and David J. Marcinko, "Growing Pains at Groupon," *Issues in Accounting Education*, February 2014, pp. 229-245.

货款并且是反映多年供货协议价值的'连续性付款'"。2010年秋天，钻石食品公司又向种植户支付了6000万美元的类似款项，这次，"动量付款"取代了"连续性付款"。各方对于"连续性付款"和"动量付款"到底归属于以前财政年度还是当前财政年度持不同意见。钻石食品公司将这两笔款项作为本年度发生的费用处理，但数名种植户坚持认为这是以前年度的货款，原因是一些种植户已经与钻石食品公司终止了合作关系，但仍然收到了货款。①

在美国证券交易委员会（SEC）开展调查以及CEO和CFO双双辞职之后，钻石食品公司在2012年2月8日公布了公司的8-K申报资料，公司的审计委员会"最终确定2010年8月向种植户支付的2000万美元左右的'连续性付款'和2011年9月向种植户支付的6000万美元左右的'动量付款'均未计入正确的会计期间。"② 结果，钻石食品公司的股价大跌2/3，从2011年9月的每股90美元跌至2011年12月的不足28美元。

拥有行业专业知识、了解宏观经济变量且掌握了管理会计技术的管理会计师能够发现异常现象。他们应该秉持怀疑精神来审视"连续性付款"和"动量付款"这类不常见和不熟悉的词汇。非财务人员可能不具备财务专业知识，无法质疑这些概念，而管理会计师却能评估这些新兴词汇，并对这些词汇背后的目的提出质疑。

此外，如果正确计算并分析常规的直接材料差异就能发现"红旗"标志。4年间，核桃的成本上涨了2倍有余，肯定会存在巨大的材料价格不利差异。对更高的核桃收购价格做出不恰当的延期确认处理，就无法在正确的会计期间确认预期材料价格不利差异，而以后年度的标准材料成本就会上升——因此，公司不会出现当期价格不利差异。如果了解了其中的奥秘，管理会计师再遇到类似的情况就能更加及时地发现类似的问题。此时，审计委员会等待SEC的调查结论再采取行动为时已晚，无法阻止财务结果的重大错报行为。

（二）奥林巴斯的高昂咨询费

倍受尊敬的日本奥林巴斯公司前任董事会主席兼CEO迈克尔·伍德福特（Michael Woodford）揭发了公司的舞弊丑闻。高级管理人员共谋并实施了舞弊，通过多付兼并费

---

① Mahendra R. Gujarathi, "Diamond Foods, Inc.: Anatomy and Motivations of Earnings Manipulation," *Issues in Accounting Education*, February 2015, pp. 47–69.

② 新闻通稿全文详见 www.sec.gov/Archives/edgar/data/1320947/000119312512046902/d297426dex991.htm.

用或兼并相关费用的方式向空壳公司输送资金。例如，奥林巴斯为了以 20 亿美元的价格收购一家名为 Gyrus 的英国公司，向某家咨询公司支付了 6.32 亿美元的咨询费。一般来说，咨询费用大致为收购价的 1% ~ 2%，6.32 亿美元（约为收购价的 31%）明显高于行业标准。①

将资金转移到空壳公司是一项复杂计划的一部分，旨在隐藏投资的未实现损失。奥林巴斯在 20 世纪 80 年代日本资产泡沫的高峰时期购买了这些投资。接下来发布的调查报告发现，奥林巴斯在内部控制和内部审计等公司治理结构方面存在大量的缺陷。②

如果进行内部追踪，就会发现公司大量的风险因素显示公司内部出现了偏差。SAS No. 122（AU-C § 240. A75）确定下列四项风险因素与奥林巴斯，特别是奥林巴斯创建的空壳公司有关：

(1)"不属于正常业务范围的重大关联方交易，抑或相关实体未经审计或由其他事务所进行审计。"

(2)"重大、不同寻常或非常复杂的交易。"

(3)"位于不同国家或地区开展的重大业务，这些国家或地区有着不同的业务环境和监管规定。"

(4)"雇佣业务中介机构，但没有正当的业务理由。"③

在本案例中，我们尚不清楚包括内部审计部门负责人（同时也是负责财务的副总裁兼审计委员会委员）在内的高管层是否注意到了管理会计师的警示或红旗标志。这些高管层是计划的主要策划者。事实上，检举者迈克尔·伍德福特在奥林巴斯公司工作了 30 多年，近期才被提拔为总裁兼 CEO；在对董事会提出质疑后，他被毫不留情地解雇了。④ 尽管如此，管理会计师还是应该了解风险因素，提醒高管和内部审计部门关注本组织是否存在类似的情况。IMA《职业道德守则公告》提供了指南，告知管理会计师应采取的步骤和可以获得的资源。⑤

---

① Saurav K. Dutta, Dennis H. Caplan, and David J. Marcinko, "Blurred Vision, Perilous Future: Management Fraud at Olympus," *Issues in Accounting Education*, August 2014, pp. 459 – 480.

② Olympus Corporation and Third Party Committee, "Investigation Report," December 6, 2011, www.olympus-global. com/en/common/pdf/if111206corpe_2. pdf.

③ AICPA (American Institution of Certified Public Accountants), Statement on Auditing Standard (SAS) No. 122 (AU-C § 240. A75), *Consideration of Fraud in a Financial Statement Audit*, 2011.

④ Michael Woodford, *Exposure: Inside the Olympus Scandal: How I Went from CEO to Whistleblower*, Penguin Group, New York, N. Y., 2012.

⑤ IMA® (Institute of Management Accountants), *IMA Statement of Ethical Professional Practice*, Montvale, N. J., 2004, www. imanet. org/docs/default-source/press_releases/ethics_prof_prac. pdf? sfvrsn = 2.

（三）雷曼降低杠杆率

2008年9月，雷曼成为美国历史上提交破产申请的规模最大的公司，投资者300多亿美元的财富瞬间灰飞烟灭。事后发现，雷曼经常使用一种名为"回购105"的短期借贷交易来人为降低杠杆率，从表面上改善自身的财务状况。回购交易在金融行业中非常常见，通常是将资产转移给贷款人作为抵押物来借入资金。虽然抵押物仍列示在借款人的财务报表中，但只有归还贷款之后，借款人才能收回抵押物的所有权。

与其他美国银行一样，雷曼也从事回购交易，通过借入大量资金进行投资，并将投资作为抵押物。但与其他银行不同的是，雷曼将这些短期抵押借款视作拥有回购权的销售行为。雷曼利用了《财务会计准则公告第140号：金融资产的转移和服务以及负债清偿的会计核算》（SFAS No.140）中的漏洞，对"回购105"等交易进行了结构化处理。所以，当通过抵押获得贷款时，雷曼的资产负债表就剔除了相关资产；当还清贷款收回抵押物后，这些资产又出现在资产负债表上了。但在"回购105"操作的存续期间，资产已经不在雷曼的账目上，但雷曼仍然继续获得这些投资所产生的票息收入。①

雷曼总在临近报告期期末的时候使用"回购105"。季度末和季度内使用"回购105"的情况详见图3。正如数据所显示的那样，"回购105"交易的数量在季度末会激增，而在季度内则有所下降。对"回购105"这样的回购交易进行结构化处理，雷曼能将资产和相应的负债从资产负债表中剔除，从而显著改善了自己的杠杆率。由于信用评级机构和贷款人非常关注雷曼的高杠杆率，因此，如果雷曼能够降低自己的杠杆率无疑会大有裨益。我们尚不清楚"回购105"交易的使用与雷曼破产之间是否存在因果关系，但很明显的是，雷曼使用令人生疑的会计处理方法不是出于商业目的或经济重要性考虑，而是为了降低自身的杠杆率。②

通过使用异常值分析，管理会计师能够识别季度末"回购105"交易的使用量。任何一种只在会计期期末发生的交易可能都不是服务于合法商业目的的常规交易。事实上，这类非常规交易可以说都是为了粉饰财务报表而进行的。管理会计师拥有会计和高级分析工具，应该能够识别这类交易。虽然管理会计师不具备终止此类交易的权力，但

---

① Dennis H. Caplan, Saurav K. Dutta, and David J. Marcinko, "Lehman on the Brink of Bankruptcy: A Case about Aggressive Application of Accounting Standards," *Issues in Accounting Education*, May 2012, pp. 441–459.

② Saurav K. Dutta, *Statistical Techniques for Forensic Accounting: Understanding the Theory and Application of Data Analysis*, Financial Times Press, Upper Saddle River, N. J., 2013.

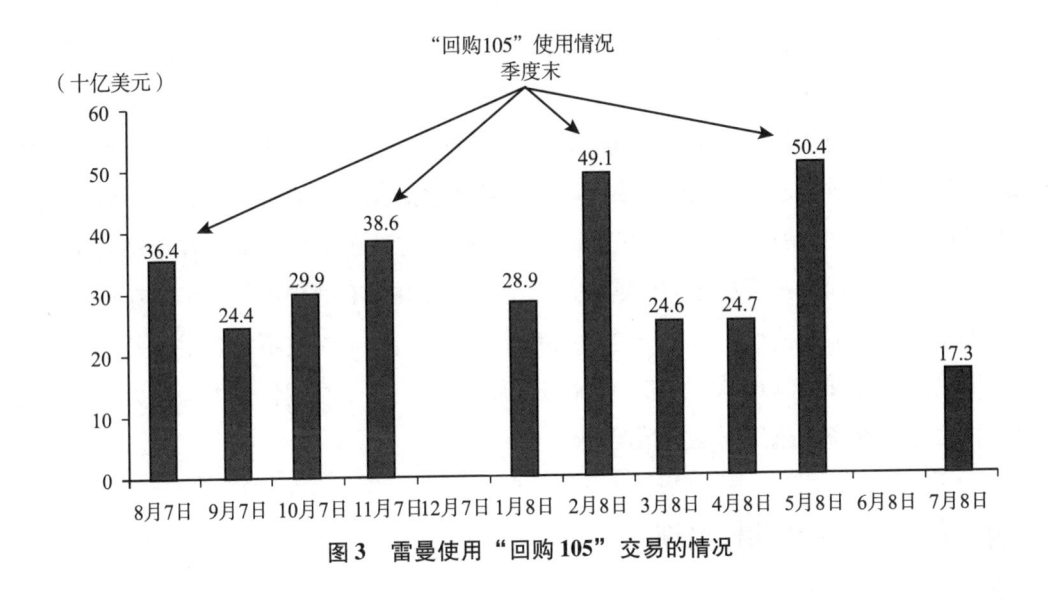

让组织上下都了解此类交易，这可能会产生威慑作用。

图3 雷曼使用"回购105"交易的情况

所有组织都可以从雷曼事件及"回购105"交易的使用中得到两个教训。首先，在财务报告流程中具有重要职责的所有参与方，都不能为了有意模糊交易的经济实质而使用会计准则。其次，包括IMA公布的守则在内的职业道德标准针对各方设定了一个公允报告的门槛，而这个门槛高于法律条文的技术要求。从本质上来说，守则的期望要高于特定规则的技术合规要求。[①]

（四）高朋公司的退货估计

2011年11月4日，高朋公司上市，初始市值高达130亿美元。上市后不久，在宣布2012年一季度财务业绩之前，审计师要求高朋公司披露财务报告内部控制中存在的一个重大缺陷。这个缺陷的披露会对收入和预估退货情况造成重大影响。

在向消费者提供产品时，商家只有在履行义务之后才能确认收入。当存在消费者向商家退货并要求退回全部或部分货款的可能性时，公司就要按要求建立准备金以备不时之需。准备金数额可以依据过去的退货情况和管理层对未来趋势的估计来进行测算。如

---

① Saurav K. Dutta, Dennis H. Caplan, and Raef Lawson, "Lehman's $hell Game: Poor Risk Management," *Strategic Finance*, August 2010, pp. 23–29.

果没有历史数据而且无法估计未来的退货情况，那么就必须等到退货权利失效之后才能确认收入。① 此时，收到的现金应该确认为预收收入——一项负债。

高朋公司发展迅速并逐步拓展至其他市场。因此，该公司产品的多样性不断加大，从餐厅饭菜、美容美发等小金额项目到国际度假、昂贵的医疗服务等大金额项目。进入不熟悉或根本没有历史经验的新市场，这让高朋公司估计客户退货的难度不断加大。很快，高朋公司发现要求退款的客户数量激增。绝大多数退款与高价交易有关，而高朋公司从2011年刚刚开始提供这些高价交易。例如视力的激光矫正手术。有意思的是，许多为了矫正视力而购买高朋公司团购产品的消费者，并没有意识到他们必须在身体状况良好的情况下才能接受手术。出于这一原因，许多消费者被判定不符合手术条件，他们向高朋公司退货并要求退款。但是，高朋公司已经在上一个季度将销售确认为收入，没有提留足够的准备金来应对退货情况。②

（五）员工股票期权追溯

发生在2006年的股票期权追溯丑闻是席卷美国、影响最为广泛的公司丑闻之一。美国证券交易委员会（SEC）前任首席会计师林恩·特纳（Lynn Turner）透露，"目前，该丑闻涉及的公司数量可能远高于其他任何一个丑闻。"③ 自2007年4月起，根据SEC或司法部传票的要求，共有264家上市公司针对期权追溯进行了内部核查。④

追溯操作是由从事学术研究的金融学者首先发现的。埃里克·李（Erik Lie）表示，如果存在计划外的股票期权，那么公司授予期权会降低公司的股价（负的异常收益），但随后股价又会上升（正的异常收益）。所以他认为，"可以事后确定期权的授予时间，可将授予日期设定为过去的某个特定日期，而当天的股价特别低。"⑤

2006年3月18日，《华尔街日报》在头版刊登了股权追溯的相关报道，引发了公众和监管机构的关注。⑥ 多家公司的股东提起了600多起衍生诉讼，指控公司进行了股

---

① Accounting Standards Codification (ASC) Section 605-15-25.
② Saurav K. Dutta, Dennis H. Caplan, and David J. Marcinko, "Growing Pains at Groupon," *Issues in Accounting Education*, February 2014, pp. 229-245.
③ Robert A. G. Monks and Nell Minow, *Corporate Governance*, 4th edition, John Wiley & Sons, Hoboken, N. J., 2008, p. 322.
④ Zabihollah Rezaee, Craig Langstraat, and John Malloy, "Option Backdating Scandals: How Management Accountants Can Help," *Management Accounting Quarterly*, Winter 2008.
⑤ Erik Lie, "On the Timing of CEO Stock Option Awards," *Management Science*, May 2005, pp. 802-812.
⑥ Charles Forelle and James Bandler, "The Perfect Payday," *The Wall Street Journal*, March 18, 2006, p. A1.

票期权追溯。

员工股票期权让期权获得者有权按照事先确定的行权价格（通常是授予日的市场价格）来购买股票。股票期权一旦授予，相关条款或日期就不得修改。但不幸的是，某些知名公司却这么做了。

操纵员工股票期权，对授予日期的时机加以操作，以此来增加股票期权的潜在价值。对股票期权的授予日期进行追溯性操作，此举能够让管理层、董事或其他期权获得者的收益实现最大化。时机操纵可通过以下三种方法来实现：

（1）追溯：将授予日期有意或无意设定为标的股票价格很低的那天；

（2）弹簧加载（spring-loading）：在好消息宣布之前很短的时间内设定授予日期，或是好消息一直秘而不宣，直到授予了股票期权；

（3）躲避子弹（bullet-dodging）：在坏消息宣布之后的很短时间内就确定授予日期。

追溯员工股票期权会对公司产生危害，它表明公司治理存在缺陷，会引发各界对管理层诚信度的担忧，最后导致股价大幅下跌。

扎比霍拉哈·瑞扎伊（Zabihollah Rezaee）、克雷格·兰斯特拉特（Craig Langstraat）和约翰·马洛伊（John Malloy）敦促管理会计师"严格遵守监管规定、会计准则和税收规定，切实当好守门人，有效地肩负起自己的职责。"[1] 他们列举了管理会计师协助组织减少此类问题的各种手段，指出管理会计师需要更多地参与管理层薪酬的确定、执行以及报告等工作。

六、员工舞弊：威胁日益增大

ACFE透露，舞弊主要分为三类：资产挪用、财务报表舞弊和贪污。本部分将关注员工舞弊，这类舞弊通常涉及资产挪用。

员工舞弊行为令人不安却又具有讽刺意味，其中一个事实就是员工首先必须获得信任，而后才能实施舞弊。这些舞弊者往往为组织工作了很长时间，通常被视为值得信赖、勤勉努力、兢兢业业、很少度假、鲜少请病假的好员工。本部分将介绍几个案例，阐述如何利用数据分析和管理会计技术来尽早发现舞弊阴谋，尽可能地将损失降到最低。

---

[1] Zabihollah Rezaee, Craig Langstraat, and John Malloy, "Option Backdating Scandals: How Management Accountants Can Help," *Management Accounting Quarterly*, Winter 2008.

（一）高思公司（Koss Corporation）贪污案

美国高思公司是一家耳机制造商，该公司在 2012 年的市值约为 4000 万美元。2010 年 8 月，SEC 针对高思公司的 2 名高级会计人员提起诉讼，罪名是会计欺诈以及在过去 5 年时间里从公司贪污了 3000 多万美元。贪污的手段多种多样，而且持续了数年。通过篡改会计账目和会计记录，会计主管贪污了数百万美元。

美国运通公司注意到会计主管通过公司银行账户大额电子转账的方式来偿还其个人信用卡欠款，从而发现了舞弊行为。如果不是美国运通公司足够警觉，该舞弊可能还会持续很多年；尽管公司在过去 5 年的时间里被窃取了一半的税前利润，但公司上下没有一个人对欺诈行为有所怀疑。

2010 年 8 月 30 日，SEC 在起诉书中详细透露了舞弊者是如何绕过内部控制，贪污数百万美元的。① 贪污人窃取小额备用金，签发伪造的银行本票和电子转账，滥用公司从美国运通公司购买的用于员工差旅的旅行支票。掩盖措施包括伪造日记账夸大资产、低估负债、低估收入和高估费用。其中最为恶劣的舞弊手法是低估销售，贪污这些交易所产生的现金。他们采用欺诈性的会计处理来掩盖公司的网络和零售店销售收入，总金额为 180 万美元。

边际贡献分析或差异分析等管理会计技术可以警示内部管理层可能存在舞弊。由于虚假的日记账会降低收入，增加销售成本，所以边际贡献会受到负面影响。对单位边际贡献下降的原因进行分析，提醒管理层对营销部门是否给予消费者过高的折扣进行调查。对边际贡献下降保持警觉，并对下降原因进行调查，这有可能会发现舞弊。

与此类似，对销量下降进行分析和报告，这有可能发现不利的销量差异，市场营销和销售部门应对此负责。这两个部门应该对产生不利销量差异的原因进行内部调查，也许会发现销量数据存在错误。但不幸的是，在本案例中，本应开展分析工作的人员却成了舞弊实施者。

（二）回扣方案和空壳公司

拥有付款或采购权限的高级员工可能会建立空壳公司或与销售商签订回扣协议。舞

---

① 如想阅读起诉书全文，请访问 www.sec.gov/litigation/complaints/2010/comp-pr2010-160.pdf.

弊者通常拥有费用审批权。由舞弊者控制的空壳公司要么将根本就不发货的产品入账，要么高价出售产品。① 由于舞弊者有权审批费用，所以这些畸高的费用可以获批通过。

在《根除隐藏于组织中的舞弊》（Rooting Out Fraud in Your Organization）一文中，博尼塔·K.彼得森·克莱默（Bonita K. Peterson Kramer）对此类回扣方案进行了详细的讨论，认为如果存在以下"红旗"信号，那就表明采购部门可能存在回扣协议或其他违反诚信的行为：

（1）采购人员肩负不相容的职责；
（2）采购人员几乎不（即使有也很少）休假或请病假；
（3）采购总额超过预算；
（4）从特定供应商处采购的产品数量不断增加；
（5）与其他供应商相比，该供应商的价格畸高；
（6）发票异常；
（7）来自诚实供应商的提醒或抱怨；
（8）收到次品；
（9）采购总额几乎达到了该采购人员的审批上限。②

管理会计师应该对采购订单和应付款项进行核查。管理会计师对业务营运相当熟悉，这让他们能够更为容易地察觉有问题的采购活动，发现没有收到产品或服务，产品不合格，存货、运输和收货记录以及定价存在异常，内外部客户抱怨连连等，上述所有情况都会引发报告和采取相应行动，而管理会计师有能力发现这些舞弊或侵占活动。对采购活动进行审查是管理会计师的职责之一。

（三）发生在市政府的舞弊

虽然许多广为人知的舞弊案例都发生在上市公司中，但并不是说政府实体对舞弊具有免疫能力。州市两级政府特别容易受到舞弊的侵扰，这是因为它们的预算额度较小，在建立完备的内部控制以及雇佣具备能力且值得信赖的员工方面面临挑战。ACFE 的 2014 年度职务舞弊与滥用国别报告透露，在 22 个行业中，政府和公共管理部门报告的

---

① Saurav K. Dutta, *Statistical Techniques for Forensic Accounting*: *Understanding the Theory and Application of Data Analysis*, Financial Times Press, Upper Saddle River, N. J., 2013.
② Bonita K. Peterson Kramer, "Rooting Out Fraud in Your Organization," *Management Accounting Quarterly*, Summer 2009.

舞弊案件数量排名第二。[①] 近年来，一系列大型舞弊案震动了地方政府。下面我们将分析两个著名的案例，简要阐述正是内部控制失效才导致舞弊行为发生了数十年仍未被发现。

美国史上规模最大、持续时间最长的市政舞弊案之一让伊利诺伊州的狄克逊市（Dixon）饱受其害。狄克逊是位于芝加哥西南方的一个小城市，居民不到16000人。该市年度预算约为900万美元，但其财务主管丽塔·克鲁德威尔（Rita Crundwell）在20年间通过一种相对简单的侵吞手法，贪污了近5400万美元。[②]

20世纪70年代，克鲁德威尔开始为狄克逊市政府工作，担任记账员。1983年，她晋升为城市财政的出纳和审计员。贪污行为始于20世纪90年代，当时，克鲁德威尔以RSCDA（储备下水道资金发展账户）为名开立了一个虚假的银行账户，并指定自己为唯一的授权用户。克鲁德威尔从市政府的银行账户开出支票交给"出纳"，然后存入RSCDA账户。

RSCDA成了她的个人银行账户，从未支付过任何与狄克逊相关的合法费用。为了让贪污行为看起来合法，克鲁德威尔对虚构发票进行了审计追踪，以证明向RSCDA开具的支票是合乎情理的。除了克鲁德威尔之外没有人知道这个舞弊行为，所以她必须严密控制该市的全部财务交易，其中包括邮件。有意思的是，在旅行或度假时，克鲁德威尔会让她的亲戚代收本市邮件。

2011年，克鲁德威尔放松了对邮件的控制，很快，贪污行为就浮出水面。在克鲁德威尔延长休假期间，另一名工作人员从银行处获得了市政府的账户记录，从而才发现了RSCDA的存在。相关调查随即展开，一项持续了20年之久的贪污案件终于大白于天下。调查结束不久之后，克鲁德威尔被判有罪，判处19.5年的监禁，并责令其向狄克逊市政府偿还53740394美元。

哈丽雅特·沃尔特斯（Harriette Walters）就职于哥伦比亚特区财政和收入局下属不动产部门，她实施了另外一项金额可观的舞弊计划。沃尔特斯在1989年开始实施舞弊，向她的朋友和家人开具虚假的退税支票，最终的舞弊总金额高达4810万美元。[③]

1998~2007年间，沃尔特斯向并不存在的公司开具了230多张虚假的退款支票。从2005年开始，美国不再采用手工方式开具支票，支票开具系统实现了自动化，财产税

[①] Association of Certified Fraud Examiners (ACFE), "Report to the Nations on Occupational Fraud and Abuse: 2014 Global Fraud Study," 2014, www.acfe.com/rttn.aspx.

[②] Kelly Richmond Pope, "The $54 Million Fraud," *CPA Biz*, American Institute of Certified Public Accountants (AICPA), July 31, 2013.

[③] Del Quentin Wilber, "Tax Scam Leader Gets More Than 17 Years," *The Washington Post*, July 1, 2009.

模块具有内置控制系统,可创建审计追踪。但是,沃尔特斯还是绕过了自动化系统,她拥有手工开具支票的权力。当一家存入虚假支票的银行要求提款人提供员工身份识别时,贪腐情况才最终被发现。银行心生疑惑,立刻联系了 FBI。随着调查的深入,牵扯出空壳公司,华盛顿特区史上最大的贪腐案才大白于天下。①

错误的信任和缺少合理的控制是导致舞弊高发且数十年未被发现的重要原因。丽塔·克鲁德威尔是一名深受狄克逊政府信赖的员工,高中一毕业就开始工作。她一路晋升,身居重要岗位,被授予处理市政府全部银行账户的权力。她在当地银行开设 RSCDA 账户时,银行认为这是她职责范围内的事情,没有人质疑她的动机。哈丽雅特·沃尔特斯发现自己也拥有相似的信任,她也是从基层干起,证明自己是一名甘于奉献的员工。所以,即便安装了具有内置控制措施的自动系统,她仍然获准手工开具退款支票。

在上述两个案件中,内部控制系统均过于松懈。在狄克逊贪污案中,职责未能得到有效的分离,克鲁德威尔获准执行不相容的工作职责,例如负责外来邮件、监控银行账户以及有权开具支票等。在华盛顿特区舞弊案中,即便安装了具有内置控制措施的新系统,沃尔特斯还是能够绕过新系统,有权手工开具支票。

要让内部控制机制发挥有效作用,就不允许任何人绕过它。在上述两个案件中,通过简单的数据分析技术就能够更早地发现舞弊,降低损失。

七、采用传统管理会计工具识别舞弊

虽然管理会计技术和工具并非专门用于法务会计,但是,使用某些管理会计技术能够让管理层注意到可疑的交易或事件。通过应用边际贡献分析、预算编制和差异分析三类常见的管理会计技术,组织可预防或发现员工舞弊。

(一) 边际贡献分析

与边际利润有关的两个重要概念是毛利和边际贡献。毛利是列报在财务报表中的一个财务会计概念,反映的是已售货物的收入与成本之间的差额。而另一方面,边际贡献

---

① Philip F. Jacoby, Sebastian Lorigo, and Brent T. McCallum, "Fraudulent Tax Refunds: The Notorious Career of Harriette Walters," *Current Issues in Auditing*, June 2011, pp. A23 – A38.

是一个管理会计概念,反映的是收入和变动成本之间的差额。

通常,毛利数据容易获得并报告给外部使用者,但与此不同的是,只有管理会计师才能获得边际贡献计算所需的相关信息。边际贡献可用于评估产品线和区域分部的盈利能力。此外,在计算盈亏临界点和测算实现目标利润需要达到的销售水平时,也会用到边际贡献。在做出撤销分部、放弃产品线、接受特殊订单或给予某些客户折扣等重大管理决策时,边际贡献分析也能够提供有益的帮助。此外,对边际贡献进行检查,能够帮助管理会计师发现常见的员工舞弊行为,如隐瞒销售或盗窃存货等。

毛利和边际贡献具有相关性,它们从不同的角度来考察组织的盈利能力。最为重要的是,毛利和边际贡献区分了固定成本和变动成本。固定成本通常包括折旧费、租赁费以及保险费等,员工很难通过操纵固定成本来获得个人经济利益。因此,员工舞弊通常是通过变动成本加以掩盖。

单独检查和分析变动成本有可能会发现舞弊行为。我们以表2中的两份损益表为例来加以说明。左边是贡献损益表,右边是财务会计损益表。左边的损益表区分变动成本和固定成本;而右边的损益表则是区分制造成本和期间费用。

表2　　　　　　　　　　　　　　损益表　　　　　　　　　　　　　　单位:美元

贡献损益表		财务会计损益表	
收入	5000	收入	5000
变动制造成本	1000	变动制造成本	1000
变动非制造成本	800	固定制造成本	1500
边际贡献	3200	毛利	2500
固定制造成本	1500	变动非制造成本	800
固定非制造成本	700	固定非制造成本	700
营业利润	800	营业利润	800

两张损益表唯一的区别就是变动非制造成本与固定制造成本对调了位置。在财务会计损益表中,从收入中扣除固定制造成本就能够得出毛利。在贡献损益表中,以变动非制造成本取代固定制造成本,通过从收入中扣除变动非制造成本来计算边际贡献。因此,边际贡献和毛利之间的区别可以用变动非制造成本与固定制造成本之间的差别来解释。表2中,变动非制造成本比固定制造成本少了700美元(1500美元-800美元),因此,边际贡献相应地比毛利高出700美元。

通过贡献损益表，管理会计师可以运用简单的分析来查看是否存在异常情况。由于变动成本随销量的变化而变化，所以边际贡献与销量存在或多或少的恒定比例关系。而固定成本则不会随销量的变化而变化，在各个期间内基本保持一致。因此，管理会计师可以分析边际贡献与收入之间的百分比关系是否在各个期间发生剧烈变化。

财务会计损益表报告了毛利情况，对此，这类分析没有意义。由于固定成本已经包括在已售产品的成本中了，所以毛利与销售额之间的百分比并不恒定，取决于销量。销量高，毛利就高，反之亦然。与此类似，各个期间的非制造成本并非保持不变，可变部分会随着销售收入的变化而变化。

在高思公司舞弊案中，舞弊者通过低估公司的收入来掩盖舞弊行为。但是舞弊者并没有低估费用。虽然这会导致毛利率下降，但没有确凿的证据可以表明是舞弊导致了毛利率的下降，因为收入下降也会导致毛利率下降。然而，在边际贡献损益表中，虽然报告的收入经过人为调低，但由于变动成本从属于所有销售，所以这会导致边际贡献的大幅下降。如果边际贡献率下降幅度明显，那么就应该有所警觉，并有针对性地开展进一步的调查。深入挖掘各个产品的边际贡献，这或许能够发现产出产品与售出产品之间存在的材料用量差异。

（二）预算编制

预算是组织未来期间需要依据的蓝图，它有助于对共识、预测和不同管理者的估计进行量化。编制预算是一项非常审慎的管理实务，借此可以防止员工舞弊。在管理完善的公司中，预算是规划流程的组成部分，所有层级的管理人员都为预算编制贡献自己的专长。预算编制流程对公司过往业绩和市场反馈进行总结和思考，对未来经济变化加以预测。

预算编制流程的核心是总预算，反映的是管理层的营运和财务计划，是协助组织实现目标的初步计划和实施方案。只有经过严格审查才能对预算进行修改。

如果没有预算，就没有一种机制可以将管理会计师的注意力引向异常情况，管理会计师就会受到制约，无法对异常情况进行调查。从根本上来说，想要识别不正常现象，首先要界定什么是正常或常态。预算就是定义未来期间即将发生的正常、预期或常见事件的一种手段。

由于预算编制流程要求组织内部各个部门之间进行沟通和协调，所以舞弊者实施舞弊将变得更为困难。在"回扣协议和空壳公司"以及"发生在市政府的舞弊"等案例中，舞弊者就是利用了组织内不同部门之间缺乏沟通的漏洞来实施犯罪行为的。一旦建立了直接沟通渠道,例如舞弊者外出度假了,那么舞弊行为很快就被发现。

预算编制需要协作,这迫使组织内部各个部门思考本部门对其他部门的影响,并鼓励各部门之间共享信息。有效共享信息可能有助于发现虚假日记账,从而揭露其试图掩盖的舞弊行为。

此外,预算编制能够让管理会计师比较实际业绩与预算业绩,并对差异进行评估。使用量、损耗量以及定价方面的差异分析有助于识别潜在舞弊。

(三)差异分析

一直以来,管理会计师都使用差异分析来管理相关业务,将注意力有效地集中在异常领域。这种方法能够更为有效地发现舞弊。

虽然借助参数之间的因果和确定性关系,如单位销量与销售收入,我们可以通过一个变量的给定值来预测另一个变量的预期值,但在真实世界中,这类关系往往是具有概率特性的,这要求我们开发统计技术为已知的关系建立模型,并识别此前未知的模式。借助自身对业务流程和关系的了解,构建预测模型,管理会计师可以在法务会计方面发挥作用,识别异常情况。

差异分析是控制职能的组成部分,对异常情况进行管理。异常管理能够让管理层更密切地关注未按预期运转的领域。作为回扣协议的组成部分或是使用空壳公司,以更高的价格采购存货,这会导致不利的存货采购价格差异。采购劣质材料或收到的材料数量少于采购量,这可能表明存货存在过度浪费或损耗的情况。管理会计师需要就上述情况开展进一步的调查,探究是否因经济状况发生改变而导致了大量的不利差异。

如果经济环境或市场不能提供有力的解释,那么大量差异就应成为内部审计团队或法务会计师应予以关注的"红旗"信号。通过调查不利的采购价格差异和材料用量差异,组织就能发现涉及采购部门的回扣计划。与此相似,在钻石食品公司案例中,大量的采购价格不利差异无法通过经济环境(由于商品价格突然升高)得到合理解释,在这种情况下,组织有必要予以关注,它也许表明存在管理层舞弊。

销量差异指的是实际销量与计划销量之间的差异,其引发销量的变动。换而言之,是弹性预算和固定预算之间的差异。在高思公司案例中,对销量差异进行调查,进而对会计分录提出质疑。为了掩盖舞弊行为,舞弊者将部分销售收入抹去,进而低估收入。

如果组织编制了固定预算并进行了差异分析,那么就会注意到收入存在很大的销量差异,这可能是由单位差异或价格差异导致的,但高思公司属于哪种情况呢?是销售数量较少还是销售价格较低？如果这些问题指向组织的市场营销和销售人员，那么，通过调查就能够更早地发现舞弊行为。（注意：高思公司本身并未发现舞弊行为，而是美国运通公司发现个人信用卡账单是通过公司账户大额电子转账的方式来加以偿还的。运通公司心生怀疑并向高思公司发出警示，而后舞弊行为才得以曝光，如果不是运通公司保持警觉，那么，舞弊行为可能还要持续数年）

同样的，大量不利的材料用量差异表明原材料或存货可能存在被盗或短缺的情况，其原因可能是还没收到货物或装运数量不足，即装运数量低于订货数量或购买数量。出现大量不利的材料用量差异，其本身并不足以证明存在舞弊活动，只不过是符合舞弊活动的某些特征。组织需要对这些差异开展进一步的调查。如果没有合理的经济原因，那么差异就有可能是舞弊造成的结果。

针对大量的不利差异开展调查并非都能发现舞弊行为，可能存在假阳性（第二类错误）的情况。但是，鉴于舞弊会给组织带来巨大的经济损失，组织还是有必要投入更多的人力、物力和财力对异常情况加以调查。

八、数据分析工具

海量数据的可获得性赋予管理会计师新的职责，管理会计师需要不断磨炼自身技能，通过综合运用模式、算法、分析技能和业务知识，深入分析数据。随着新数据和新信息的出现，通过构建公式和研究假设前提，管理会计师能为法务会计提供帮助。管理会计提供了许多工具、科技和技术，能将数据转化为有用的信息，因此需要了解和掌握数据挖掘技术的现有发展趋势。

当管理会计师在识别组织的财务数据与其他营运、行业或宏观经济数据之间存在概念上的不一致时，能够从更宽广的商业视角来审视会计数据，这对管理会计师而言是一项宝贵的技能。管理会计师需要具备必需的技能和能力，不然就无法识别趋势、模式以及各种数据元素之间的关系。而识别这些关系是法务分析必不可少的基础。

数据挖掘是技术和算法的结合，能够揭示隐藏在大数据集里的模式。丰富的会计数据与强大的数据分析需求就是业界常说的"数据丰富但信息匮乏"。[1] 在当前的大数据

---

[1] Saurav K. Dutta, *Statistical Techniques for Forensic Accounting: Understanding the Theory and Application of Data Analysis*, Financial Times Press, Upper Saddle River, N.J., 2013.

环境下，通过人工进行数据解读或在海量数据中对信息进行评估已经变得越来越困难，数据挖掘时代已经到来。

数据挖掘包含两类任务：描述和预测。描述任务指的是在图表、图形和其他可视化手段的帮助下，描述数据的总体特征。预测任务指的是根据数据进行推理，识别模式和趋势。管理会计师可能并不具备数据之间存在的有趣模式的先验知识，但他们能够通过反复的数据检索和分析来发现先验知识。

数据挖掘系统能够识别数据的模式——有些包含信息，有些则是伪造的。管理会计师能够运用他们的业务知识和分析技能对模式进行解读，确定哪些模式是有趣的或能提供信息的。当下流行的各种数据挖掘工具都可用于识别舞弊。

（一）持续监控和大数据环境

持续监控能够不断检查业务流程达到还是偏离了预期的业绩水平和效果。偏离预期业绩水平，这为开展进一步调查、采取审计或法务行动提供了基础。持续监控能够让组织快速且更高效地应对企业风险变化，感知组织控制环境的不利变化。对组织业绩进行持续监控能够形成一种综合性方法，同时对营运和财务信息进行控制。

随着数据量的增加，模型能够帮助管理会计师识别哪些数据是重要的，并对数据进行组织和推定，以此来发现不同数据之间的联系。通过这些方法，管理会计师能够帮助组织转变为风险—智能型企业，主动管理风险，降低欺诈风险，而不是事后承认存在控制缺陷并导致舞弊发生。管理会计师不是仅仅关注单一的风险或事件，而是能够有效地管理组织内蕴含的所有风险，全面考虑多种风险与漏洞之间的相互影响。

管理会计师在收集、分析和传播数据的过程中能力不断得到锻炼。随着组织数据量呈现出爆发式的增长，管理会计师也拥有了大量的用武之地。在大数据环境中，管理会计师将能够做出重大的贡献。对各种格式和来源的数据进行处理、融合和叠加，管理会计师能够提供更具内在逻辑的解释和分析。

不同的信息来源能够产生海量的数据，但这些数据通常缺乏相关性、清晰度和准确性。汇总各类数据，结构化－非结构化、数据－文字、主观－客观，这是一项艰巨的工作，只有具备数据处理经验、拥有宽广的业务视角的专业人士才能有效地执行这项工作。在许多情况下，需要将大量复杂的数据集关联起来，使用数学模型和计算机算法来识别异常情况，并将其作为舞弊行为的提示信号。例如，在某些舞弊调查中，可以对社交网站的信息和电子邮件的文本数据进行分析，搜寻各种异常情绪，其可能表达了舞弊行为的动机或为舞弊行为寻求借口。

（二）关联分析

想要及时有效地做出决策，管理会计师必须将数据属性联系在一起，在各个信息集之间建立关联。这项工作可以通过使用关联分析来完成。从历史上看，关联规则多应用于市场营销活动，旨在理解顾客的购买行为，回答相邻货架应该摆放什么产品或如何只向客户发送他们感兴趣的广告以此来降低印刷成本等问题。

关联分析工具之所以如此强大是因为它使用了布尔向量（Boolean vectors），变量只有1（发生）和0（不发生）两个数值。例如，如果一家百货公司希望知道钉子和锤子的销售之间是否存在关联，那么就可以分析客户的购买日志，将同时购买锤子和钉子的情况标识为1。如果大量的客户都存在相同的行为，那么就可以推测存在关联关系，百货公司就能够更好地了解自身的存货变动、销售驱动因素和消费者。

各类组织已经开始广泛应用关联分析，而舞弊识别正日益成为关联分析的应用领域之一。布尔向量能够提醒管理会计师注意发生在组织内部的意外关联。如果变量是存货盗窃和每个仓库主管是否在岗，那么关联分析能够帮助组织确定仓库主管在岗与发生存货盗窃之间是否存在关联。一个正常系统如果拥有足够多的数据，那么，存货盗窃与仓库主管在岗之间的关系呈均匀分布。换而言之，你可以预见在存货被盗时，每位仓库主管的状态肯定都是1（在岗）或0（不在岗）。如果某位主管大多数时候显示的是1，而其他主管绝大多数时候显示的是0，那么管理会计师通过对这种关联关系进行调查，就能更好地降低损失、解决问题。

可使用关联分析来发现回扣方案、空壳公司的使用情况以及发生在采购部门的其他常见舞弊行为。如果特定供应商的发票仅由某位采购人员审批，或供应商总是要求与某位特定采购人员进行沟通，关联分析就能够揭示这些异常情况，或许还能尽早地发现回扣方案。

总的来说，使用关联分析来发现舞弊行为的过程与消费者行为预测过程或其他应用过程相似。差别之处在于，在搜索舞弊红旗时，仅仅确定组织之间的关联关系是远远不够的。当业务活动以一种模糊不清或可能存在欺诈的方式开展时，关联分析的任务是探求是否存在意料之外或不典型的关联关系。

（三）聚类分析

聚类分析是将相似的数据元素集合在一起，然后将大量的数据点元素分类并归入少数几个群集。聚类分析的目标是提高一个群集的同质性和强化不同群集的异质性。[①] 群集形成之后，群集内部的对象具有高度的相似性，而不同群集之间的对象则大相径庭。一旦群集形成，组织就可以制定适用于每个群集的规则，但不同群集的规则不能相互通用。在管理会计背景下，可对照产量，将各种成本在图形中标注出来。可以针对固定成本、变动成本以及阶梯成本等确定多个群集。将大量数据输入系统之后，算法本身就能够识别不同的成本模式。

"聚类分析"一词并不代表一种特殊的统计方法或模型，并不要求组织针对基础的数据分布提出任何假设。绝大多数统计方法都受到正态分布假设的限制，而聚类分析则不受任何数据分布属性的假设限制。像 SPSS（Statistical Product and Service Solutions）这样的标准统计软件包拥有处理群集数据的程序，其包括分层聚类分析、快速群集法和两阶段群集法。

聚类分析与传统的判别分析统计方法有着显著的差别，使用者开展有意义的聚类分析并不需要具备太多的知识。判别分析要求使用者了解群组成员关系，并用于确定分类规则。例如，在运用判别分析对多个病例组进行区分时，使用者必须知道已确诊的病例。基于已知病例，系统可以得出分类规则，对未确诊病患进行分类。在聚类分析中，使用者不需要知道哪个项目归属于哪个组别，甚至无须了解组别的数量。

这一点与舞弊识别任务尤其相关。在传统方式下，先将已知的舞弊案例输入系统，然后再观察相似案件具有哪些相同的特征。这种方法无法识别新型舞弊案件。聚类分析并不需要掌握相关情况。当然，与其他任何一种决策支持辅助手段一样，常规检查并不能确保万无一失，但这种方法更适合于识别此前并不知晓的异常情况，即解决"不知道自己并不知道"的风险。

例如，聚类分析可应用于集体保险索赔以识别欺诈性索赔。[②] 样本包括 40800 件保险索赔，每个索赔有 208 个特征。聚类分析从大数据集中识别出异常群集的三个主要特

[①] Saurav K. Dutta, *Statistical Techniques for Forensic Accounting: Understanding the Theory and Application of Data Analysis*, Financial Times Press, Upper Saddle River, N. J., 2013.

[②] Sutapat Thiprungsri and Miklos A. Vasarhelyi, "Cluster Analysis for Anomaly Detection in Accounting Data: An Audit Approach," *The International Journal of Digital Accounting Research*, July 2011, pp. 69–84.

征：大额受益支付、大额利息支付以及签署保险合同与支付保险金之间间隔很长时间。虽然出现这些情况并不意味着一定存在舞弊行为，但这些异常情况能识别出一小部分需要进一步调查的异常索赔。

在管理会计背景下，组织需要考虑已售产品、利润率、销量以及加班等情况。最初，组织并不清楚需要分多少个群集或各个群集的成员关系如何。聚类分析能够识别群集的数量和每个群集的成员关系。随后，商业推理为所产生的模式提供支持。这并不一定意味着事有遗漏，但它能够识别出需要进一步检查和调查的隐患。换而言之，对需要调查的案例数量加以限制，让管理会计师能够更为高效地完成任务。

（四）异常值分析

在某些情况下，数据库中可能包括不符合数据集中导出的通用规则的数据或是不符合其他数据元素常见行为的数据。这些数据元素被称为"异常值"，这个词常见于概率和统计中。大多数常见的数据分析应用往往忽略和忽视了异常值，但异常值对识别舞弊具有特殊的重要意义。统计检验假设数据呈现出概率分布，同时也存在以标准差表示的偏差；通过使用统计检验，组织能够发现异常值，识别出显著偏离群集的元素。作为替代方法，可使用概率模型和偏差的统计概念，检查在一个群集内，对象的主要特性是否存在差异，从而识别出异常值。

异常值分析常用于识别信用卡冒用。[1] 如果一张特定的信用卡在纽约市发生了9笔交易，而在芝加哥市支付了一笔出租车费用，那么发生在芝加哥市的出租车费用就与其他费用具有不同的一般特性，可被确定为异常值，需要开展进一步的调查。用于识别异常值的统计方法可用于比较特定时期的大量交易。可以根据历史数据来测算数据的平均值和标准差，对特定时期的海量交易进行迅速甄别。

异常值分析能够凸显雷曼公司在季度末的"回购105"的交易量。在异常值分析中，将交易类型和交易日期等数据输入系统。无须人工监管，系统就能够计算出平均值以及每项交易与平均值的差额，突出显示交易量异常大的交易日，即将异常值标注出来。在雷曼公司舞弊案中，回购交易主要发生在季度末，异常的交易量肯定会引起注意。

---

[1] Richard J. Bolton and David J. Hand, "Statistical Fraud Detection: A Review," *Statistical Science*, 2002, pp. 235-255.

(五) 回归分析：Beneish 模型

通过使用 Beneish 模型，管理会计师无需深入挖掘数据流就可以对财务报表操纵风险进行初步评估。Beneish 模型基于 Logit 回归分析，是一个非常有用的工具，它能从财务报表中提取和整合相关数据，得出 M 值，进而评估盈余管理的可能性。[①] Beneish 模型能够提醒财务信息使用者数据集存在被操控的可能。

Beneish 模型建立在 8 个相互独立的因素之上，这些因素是根据财务报表中的相关信息编制出来的：

（1）与以前年度有关的应收账款指数中的销售天数；

（2）与以前年度有关的毛利指数；

（3）与以前年度有关的资产质量指数（资产质量指的是扣除土地、厂房和设备后的非流动资产占总资产的比例）；

（4）销售增长指数；

（5）与以前年度有关的折旧指数（折旧率）；

（6）销售和管理费用指数；

（7）与以前年度有关的杠杆指数（债务总额除以资产总额）；

（8）应计项目总额占总资产的比例，用于评估管理层做出的会计决策的自由程度。

通过考察这 8 个因素，组织可以发现违反规定的财务报表操纵的蛛丝马迹。通过赋予不同的系数，这些因素又可以进一步获得不同的权重。例如，销售增长指数具有正的系数，这是因为随着销售增加，财务操纵的可能性也随之增大，其意在增加盈利。另一方面，随着销售和管理费用的下降，财务操纵的可能性也会增加，所以销售和管理费用指数的系数为负。当然，某些并不存在收益操纵的公司也会出现模型认定的问题行为，这是第二类错误。然而，第一类错误代价高昂，是可以有效消除的，这是因为在 Beneish 模型中，财务操纵总是表现出很高的操纵可能性。

使用 Excel 或其他计算工具就能轻松地计算出 Beneish 模型的公式。Beneish 模型首先计算出 y 值，然后使用标准正态分布将 y 值转换为概率。如果使用 Excel 的话，可利

[①] Messod D. Beneish, "Detecting GAAP Violation: Implications for Assessing Earnings Management Among Firms with Extreme Financial Performance," *Journal of Accounting and Public Policy*, Autumn 1997, pp. 271 – 309; and Messod D. Beneish, "The Detection of Earnings Manipulation," *Financial Analysts Journal*, September-October 1999, pp. 24 – 36.

用 NORMSDIST 函数来获得 y 值，基本公式如下：

$$y = -4.840 + 0.920\,(DSRI) + 0.528\,(GMI) + 0.404\,(AQI) + 0.892\,(SGI)$$
$$+ 0.115\,(DEPI) - 0.172\,(SAI) - 0.327\,(LVGI) + 4.670\,(TATA)$$

说明：括号内的英文大写缩写分别对应上文的 8 个因素。

九、结 束 语

对全世界的组织来说，法务会计的重要性不断提升。舞弊造成的经济后果越来越严重，组织需要采取措施来降低舞弊风险。通过采用常规的边际贡献分析、固定和弹性预算编制以及差异分析等技术，管理会计师能够发现财务舞弊导致的异常现象，为降低舞弊风险做出自己的贡献。此外，在法务分析的过程中，通过数据分析开发出来的关联分析、聚类分析、异常值分析以及回归工具等技术也大有用武之地。

附 加 资 料

Brian Ballou and Dan L. Heitger, "A Building-Block Approach for Implementing COSO's Enterprise Risk Management—Integrated Framework," *Management Accounting Quarterly*, Winter 2005.

Thomas A. Buckhoff and Bonita K. Peterson Kramer, "Using Excel to Ferret Out Fraud," *Strategic Finance*, April 2005, pp. 46 – 49.

Committee of Sponsoring Organizations of the Treadway Commission (COSO), *Enterprise Risk Management—Integrated Framework: Application Techniques*, American Institute of Certified Public Accountants (AICPA), New York, N. Y., 2004.

评论

舞弊风险管理：管理会计师的特殊作用
——评《法务分析与管理会计师》

袁 敏

本篇公告属于"风险管理与内部控制"模块，是针对一项特殊风险——舞弊风险的分析与应对。公告在介绍曾经发生的部分管理层人员和员工舞弊案件的基础上，从管理会计师的角度，提出了边际贡献分析、预算编制、差异分析三种传统管理会计工具，以及持续监控与大数据环境、关联分析、聚类分析、异常值分析、回归分析等数据分析工具在发现舞弊中的应用，提出管理会计师能够使用上述工具和技术来帮助组织尽早识别舞弊行为。

一、公告的基本逻辑

从公告内容看，作者的基本思路是围绕舞弊风险值得重视、内部控制和风险管理框架是预防舞弊的重要工具、管理会计师在识别舞弊方面有着天然的优势、如何应用管理会计工具方法来识别异常并尽早发现舞弊的逻辑展开论述。

自20世纪80年代起，舞弊研究就成为学术界、实务界关注的焦点，COSO分别于1987年、1999年、2010年对公司财务报告舞弊发布了3份研究报告，美国注册舞弊审核师协会（ACFE）则自1988年开始，每两年发布一份全球性舞弊研究报告。本篇公告是IMA发布的首份针对舞弊风险的研究报告，内容具有较强的现实意义及针对性。

（一）重视舞弊风险的识别与预防

根据ACFE的观点，舞弊无处不在、不可能消除，给经济发展带来很大负面影响。早期COSO的研究尤其是针对内部控制的研究，是立足于解决舞弊风险的尝试。

1. 舞弊理论

本篇公告介绍了舞弊三角理论等一些有影响的研究成果，同时对其局限性进行了剖析，认为在某些情况下，重大欺诈是腐败环境、社会规范失效或"陷阱"的产物，但不管怎样，这些理论为我们评估舞弊风险提供了可行路径。

2. 舞弊分析和应对

在认识舞弊风险特征的基础上，组织应该建立相应的政策和程序来有效识别、评估和应对这些风险。COSO 自 1992 年发布首份内部控制报告以来，就将舞弊风险作为关注的焦点，其 2013 年更新的内部控制框架、2017 年更新的风险管理框架，都可以作为风险评估及应对的参考工具。公告同时介绍了简明适用的风险评估方法——风险地图，使用者可以根据风险事项在地图中所处的位置，来采取不同的缓解措施以管理风险。

（二）发挥管理会计师在舞弊预防中的作用

1. 管理会计师在舞弊风险管理中的优势

公告认为，识别和预防舞弊风险是组织全员的责任，组织财务报告供应链的参与方尤其应该各司其职，但在此过程中，管理会计师具有一些天然的优势。例如，与董事会、外部审计师及审计委员会等财务报告供应链的其他参与方不同，管理会计师全年都身处组织内部，因此可以持续不断地对财务绩效及资产使用情况进行监控，并及时对出现的偏差情况展开评估。

作为内部员工，管理会计师在组织的任职时间通常长于审计师，因而对人员、行业实践、政策及流程更为熟悉；与组织内部的人员更容易建立信任感，使其他员工更愿意与管理会计师沟通一些敏感及模棱两可的问题。在识别中低级别员工挪用资产的舞弊行为方面，管理会计师也处于优势地位，考虑到普通员工的舞弊行为往往规模较小、影响范围有限，因此不会影响到整个财务报表的公允性，也就不会引起外部审计师的关注，但管理会计师有保护组织资产安全完整和有效使用的责任，通常会参与到细节性的业务、财务分析中来，因此能够有效识别分部、业务区域甚至产品线中存在的异常现象，更早发现舞弊。

2. 发挥管理会计师在舞弊预防中的作用

公告提出了管理会计师参与舞弊预防的具体步骤和工具方法。如使用管理会计工具和技术来识别重大和异常的偏差；对所发现的"红旗"——即可能存在舞弊的警示信号进行全面调查，以确定是否存在合理的业务或经济原因；向适当层级的利益相关方如审计委员会或管理层报告调查结果。

（三）案例分析与工具应用

1. 舞弊案件分析

为增强论证的说服力，公告介绍了 5 家公司舞弊案件和 3 类员工舞弊案件，具体如表 1 所示。

表 1　　　　　　　　　　　　公告阐述的舞弊案件概览

案件类型	公司或案件名称	主要手法	发现路径
公司舞弊	钻石食品公司	推迟确认成本	SEC 调查
	奥林巴斯	多付咨询费隐藏投资损失	内部举报
	雷曼公司	回购交易降低杠杆率	举报、调查
	高朋公司	低估销售退回准备金	审计
	大量股权激励公司	追溯股票期权	媒体报道
员工舞弊	高思公司 2 名会计	窃取小额备用金，签发伪造银行本票和电子转账，滥用公司从美国运通公司购买的旅行支票	运通公司警觉
	回扣方案和空壳公司	拥有付款或采购权限的员工建立空壳公司或与销售商签订回扣协议	内部控制
	市政府人员舞弊	开设虚假账户，将政府资金转入，向朋友及家人开具虚假退税支票	他人偶然发现存入银行报案

这些案件具有影响恶劣、手法多样、舞弊跨度时间长等特征，发现的路径既有内部人员的举报，也有监管部门的调查，甚至外部利益相关者如银行的警惕、媒体的关注、学术研究的发现等。公告介绍了这些舞弊案件的背景、手段，分析了具体的原因及后果，认为可以通过管理会计工具更早地揭示其中存在的异常。

2. 运用管理会计工具识别舞弊

公告介绍了管理会计师可以用来识别舞弊的两大类、约 8 种管理会计工具，具有较强的针对性和实用性。具体如表 2 所示。这些工具具有不同的特征和适用范围，但均可以通过数据之间的关系分析，找出潜在的问题领域，并通过进一步检查以识别出可能的舞弊风险。

表 2 识别舞弊的管理会计工具概览

工具类型	具体方法/模型	分析要点	适用性
传统工具	边际贡献分析	收入与变动成本的差额；区分固定成本和变动成本；边际贡献与销量的比例关系	高思公司低估收入，导致边际贡献率下降明显，针对性调查可能发现
	预算编制	严格审查；组织内部各部门沟通与协调；定义未来期间即将发生的正常、预期或常见事件	回扣协议和空壳公司 发生在市政府的舞弊
	差异分析	基于对业务流程及关系的了解，构建预测模型，关注未按预期运转的领域	回扣协议和空壳公司 钻石食品公司 高思公司
数据分析工具	持续监控与大数据环境	不断检查业务流程达到或偏离预期业绩水平和效果；将大量复杂的数据集关联起来，使用数学模型和计算机算法识别异常	专业人士，具有数据处理经验、拥有宽广的业务视角
	关联分析	将数据属性联系在一起，在各个信息集之间建立关联；布尔向量分析	回扣方案、空壳公司消费者行为预测等
	聚类分析	将相似的数据元素集合起来，将大量数据点元素分类、归入少数几个群集，以提高一个群集的同质性、强化不同群集的异质性	识别新型舞弊案件，解决"不知道自己并不知道"的风险，如欺诈性索赔
	异常值分析	找出不符合数据集中导出的通用规则的数据	识别信用卡冒用
	回归分析：Beneish 模型	基于 Logit 回归分析，通过提取和整合相关数据，得出 M 值以评估盈余管理的可能性	财务报表操纵风险的初步评估

二、评论与启示

公告提出管理会计师可以在舞弊预防和发现中发挥更大作用的观点，具有一定的启示价值。

（一）可以将舞弊纳入管理会计师关注的范畴

COSO、ACFE 的研究显示，舞弊风险作为一种特殊风险，在所有类型的组织中都会发生。尽管 SOX 法案对财务报告内部控制提出了明确的要求，但舞弊案件仍然屡禁不止，且部分案件体现出存续时间长、舞弊手段隐蔽、造成损失巨大等特征。这些发现对中国的组织同样有借鉴意义。自20世纪90年代，以股市代表的中国资本市场快速发展，与此同时，红光实业、蓝田股份、银广夏等财务造假丑闻也屡见报端。近年来，万达、小米、阿里等公司的舞弊案件也引起广泛关注。显然，舞弊风险并不仅限于大洋彼岸，也是中国组织面临的现实挑战，利益相关者应重视舞弊风险的发现、评估及预防工作。

传统意义上对舞弊风险的关注，往往局限于财务报告供应链、公司治理、企业文化等领域，对内部控制、内外部审计强调的较多。本篇公告提供了一个新的思路，即管理会计师可以利用自身的天然优势，将相关管理会计工具延伸适用于舞弊风险的识别与评估，对中国当前正在强调的管理会计工作有一定的启示和借鉴意义。

需要指出的是，COSO于2017年更新的风险管理框架中，明确强调舞弊风险是内部控制关注的内容；而我国财政部2017年发布的《管理会计应用指引第700号——风险管理》中，则强调风险管理不能代替内部控制，内部控制是风险管理的基础。因此，相关组织在对舞弊风险进行识别、评估时，应该更多地考虑从内部控制角度出发，同时可以将风险矩阵、风险热度图、风险清单等工具应用到舞弊风险的分析中来。

（二）应强调管理会计工具的实用性

舞弊无处不在，早发现、早制止通常可以降低舞弊所造成的损失。而管理会计的一个重要特征，是使用量化分析的工具，将相关目标、风险予以量化，并通过"量化"来加以管理和改进。就舞弊而言，管理会计师进行法务分析时，一个基本的目标是"发现异常"，在此基础上找到合理的解释，进而就发现的问题与恰当的管理层和治理层进行沟通。显然，"异常"是相对于"正常"而言的，管理会计师位处组织内部、具有业务和财务的洞察力与丰富经验，因此可以使用"预算""标准"等工具更好地定义"正常"，进而能相对容易地发现"异常"，尤其是审计师可能忽略的员工舞弊异常。

本篇公告介绍了传统、现代的8种工具，这些工具可以单独或合并使用，具体可结合组织的数据基础、业务复杂性、管理人员的经验和能力等。能发挥效用的工具才是好工具，对管理会计师而言，不应该追求工具的复杂与精确，而是要将工具与所在组织的实际情况结合起来。公告中介绍的传统管理会计工具——边际贡献分析，就是一个简单、实用的工具，运用得当同样可以产生奇效。

传统意义上，我们通常用边际贡献来进行本量利分析，如盈亏平衡点的测算、特殊订单的接受等决策，但其同样可以运用于员工舞弊行为，原因在于变动成本与销售量有一个线性关系，所以边际贡献与销量也存在或多或少的恒定比例关系。管理会计师可以分析边际贡献与收入之间的百分比关系，来衡量该指标在各个期间是否存在大幅波动情况。公告中所介绍的高思公司舞弊案中，舞弊人员最恶劣的手法是低估销售来贪污这些交易所产生的现金，通过欺诈性的会计处理掩盖公司的网络和零售店销售收入，总额高达 180 万美元。因为报告的收入经过人为调低，而成本、费用没有低估，这必然导致边际贡献大幅下降，如果管理会计师详细计算单品、单店的边际贡献，或许就能够发现边际贡献率的显著异常，加上进一步的针对性调查，可能就会更早发现员工的舞弊行为。显然，某些舞弊手法并没有我们想象得那么高明，如果能够洞察业务、找到合适的工具、分析关联指标之间的异常，就能够及时发现舞弊以减少损失。

公告还介绍了持续监控和大数据环境等新的数据分析工具，管理会计师要了解、熟悉这些工具的利弊及适用性，还需要通过实践不断磨炼自身的技能，将财务数据与运营、行业、宏观经济数据进行整合，甚至需要将不同来源产生的海量数据进行标准化处理，识别出不同趋势、模式及数据元素之间的关系，整合内外部、结构性非结构性的数据以用于决策。这需要丰富的数据处理经验，更需要宽广的业务视角和敏锐的洞察力，否则工具再好也很难真正发挥作用。公告也好、管理会计应用指引也罢，我们从中学到的只是"斧头"，要真正成为经验丰富的"木匠"，还需要实践的不断检验。

三、结语

舞弊的发现、预防很重要，也是组织全员的责任。作为组织的一分子，管理会计师应该更好地发挥自身优势，有效运用管理会计工具来以尽早发现异常。但需要强调的是，舞弊仅仅是组织所面临的众多风险之一，法务分析也仅仅是管理会计师发挥作用的领域之一。站在组织的角度，管理会计师不应仅仅关注单一的风险或事件，而是需要通过数据分析、经验积累，更主动地识别、更有效地管理组织所蕴含的所有风险，通过风险地图、差异分析、数据分析工具等将业务和财务活动有机地融合起来，以推动组织价值提升及目标达成。

发展竞争情报能力

关于作者

本·杰拉德（Ben Gilad）曾担任罗格斯大学的战略教授，在1999年与他人共同创建了FGH竞争情报学院（www.academyci.com）并一直担任总裁，该学院在世界范围内为大部分公司的竞争情报（CI）管理人员和分析师提供培训和认证。他在CI方面已经著有6本书籍，撰写了大约100篇文章和专栏。他坚信CMA从本质上来说就是情报分析师——只是他们自己还不知道而已。

一、竞争情报（CI）发展简史

伴随着伦纳德·富尔德（Leonard Fuld）所著的《竞争者情报：如何收集和利用》[*Competitor Intelligence*: *How to Get it*, *How to Use it*（Wiley，1985）]一书的出版，竞争情报（CI）于20世纪80年代兴起并逐步成为一个独特的商业领域。本·吉拉德（Ben Gilad）和塔玛·吉拉德（Tamar Gilad）发布了首本关于竞争情报组织模式的书籍——《工商情报系统》[*The Business Intelligence System*（AMACOM，1988）]。在该书出版后的10年时间里，大多数美国财富500强公司都设立了CI部门。

时至今日，竞争情报部门已成为绝大多数美国和西欧大公司所设立的标准化职能部门。虽然在开展竞争情报活动方面，亚洲公司普遍落后于西方公司，但韩国公司已经初步具备了某些先进的竞争情报能力。

然而，作为一项商业活动，竞争情报是最古老的商业职能之一。历史文献表明，早在公元前1500年，腓尼基的贸易商在拓展其海上疆域时就已经开始收集商业情报。在20世纪，全球化成为推动竞争情报流程迈向正式化和制度化的根本因素。新的竞争对手以及创新和模仿活动更快速的蔓延所带来的竞争压力迫使私营企业的管理人员寻求更好的支持，以提高自身的有效竞争能力。建立正式的竞争情报流程的需求应势而生。

过去30年中，竞争情报流程及其组织模式经历了重大演变。最显著和最根本的变化是业内已认识到竞争情报并非一项技术信息收集活动，而是建立在分析基础之上的战略管理工具。这一演变是由技术、组织验证投资回报率（ROI）合理性的动机以及获得专业认证的需求所推动的。

首先，技术深刻改变了数据收集和信息传播的方式。集中式数据收集已不再是专属竞争情报资源的有效使用方式。通过非正式网络、协作工作空间技术以及基于网络的信息集成器，信息的传播变得更为容易。

其次，专属竞争情报资源的原始部署形式（即部署在配置多位管理人员和分析师的大型部门），难以运用传统的ROI衡量指标证明其合理性，这一点已经验证。[1] 情报的本质使得其价值无法直接得到衡量。如果尝试使用客户满意度调查或"产出"指标来衡量竞争情报活动的价值，就会与实际影响存在很大偏差，无法为之提供合理的评估

---

[1] 例如：AT&T曾下设多个集中式部门，部门下属消费者和业务分部同时拥有60位竞争情报经理及分析师。

方法。

在众多 ROI 的衡量指标中，唯一可衡量竞争情报价值的指标将竞争情报与企业的敏捷性关联起来。组织情报流动状况的改善与敏捷性的提高保持正向相关。组织可以采取一些简单措施，例如强制要求在关键决策中运用竞争情报，能够影响决策实施的响应时间和成功率。该 ROI 衡量方法的基本假设是，通过有效的竞争情报项目得到的最重要的直接价值是企业能够更快更早地适应不断变化的市场状况。在一个急速变化的世界中，这是组织实施有效管理的基本特性。企业能否适应不断变化的市场状况也可以使用"竞争力审计"工具来加以衡量。

最后，20 世纪 90 年代末，CIP™（竞争情报专业）认证正式面世，这使得竞争情报行业在全球范围内形成了统一的知识体系并获得了客户的认可。而目前就职于财富 500 强企业的竞争分析师已从无须接受真正意义培训的"边做边学"的信息收集者，演变为训练有素的专业人士，精通分析技术和业务战略评估。请谨记，有效的竞争情报项目的最终目标是提高组织敏捷性，而非提供越来越多的信息；如果竞争情报流程在某些企业中仍然在很大程度上属于非正式流程或已经形成制度但未得到有效应用，那么管理会计师能够发挥直接作用，为企业建立和培育竞争情报流程或就该流程进行审核。现有的低成本、影响力高的竞争情报流程模型所需的投资金额较低，且可以在几周而非几年之内得到实施。

二、概　　述

业界关于竞争情报的最大误解就是认为它是关于竞争对手的信息。这一误解源于早期采用的军事或政府情报模式遗留的影响。在军事或政府模式下，情报的目标是"敌人"。将上述模式转换为"竞争对手跟踪"模式会降低情报系统的 ROI，削弱竞争情报在战术性营销或产品信息方面发挥的作用，剥夺了公司通过作为企业敏捷性必要条件的竞争情报获取的主要优势。本公告侧重于深入解读战略情报，阐明形成和保持切实的竞争情报能力所需具备的基本要素，进而推动整个组织的价值创造。

图 1 介绍了竞争情报作为企业敏捷性支撑能力的先进概念。图 1 中，企业内外部数据均被作为信息与情报转换流程的输入信息。数据或信息（如经验证的数据）根本不是情报。这一简单的区分可将有效的竞争情报能力与公司获得的各种信息服务区别开来。作为竞争情报最必不可少的部分，转换通过运用分析框架（可生成有关市场动态以

及企业相对于具有高度市场影响力的所有竞争对手所处的市场地位的深入见解）将数据和信息转化为深刻见解。

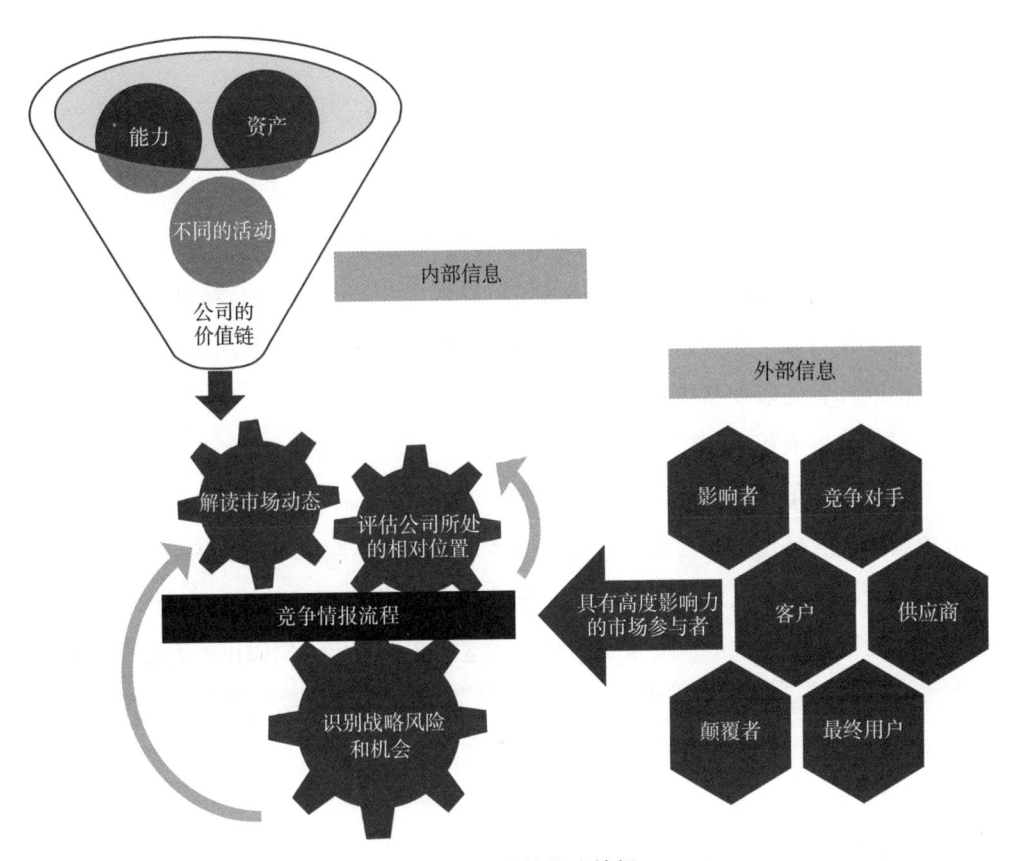

图 1 将信息转化为情报

无论组织规模大小、科技高低，敏捷性是它们必不可少的特质。因此，本公告所涉及的概念、工具、技术和实施步骤适用于处于激烈竞争环境中生产和销售产品或服务的所有组织，包括大型和小型组织、公共和私营实体、开展所有业务板块的企业、各个管理层级以及企业各个层级。本公告将在以下方面为管理会计师和其他相关人士提供帮助：

（1）了解竞争情报是如何与组织远大目标、战略和具体目的关联起来的；
（2）阐释实施竞争情报流程所带来的益处；
（3）了解有效实施竞争情报项目所需采取的步骤；
（4）了解系统的、正式的和严格的竞争情报流程具有的基本框架；

(5) 在实施全新以及改进后的竞争情报获取方法过程中,鉴别组织和管理会计层面所面临挑战;

(6) 强化管理层有关竞争情报的认识并获得其对开展竞争情报工作的支持。

三、定义竞争情报

竞争情报是一个不够准确的术语。如前所述,从历史角度来看,竞争情报曾与军事情报相关联,且时常被解读为企业机密或难以获取的信息,最为糟糕的是,被解读为以竞争对手为关注对象。如今,如果希望对竞争情报的最前沿的发展动态形成更为全面深入的了解,或许首先需要从更换叫法开始。

因此,本公告通篇采用了"竞争分析师"这一职务称谓,取代"竞争情报经理"。在许多组织中,竞争情报这一术语本身已被其他不太起眼的术语所取代,例如战略预警、市场洞察或战略评估等。这一变化看似多余,其实不然。叫法的转变传递出一种概念,即竞争情报是关于竞争状况的信息,而非关于竞争对手的信息。在行为经济学中,有不少关于框架效应巨大影响的重量级文献。这些文献指出人们做出的判断会随着问题提出方式的不同而有所变化。[1] 因此,我们建议管理会计师将竞争情报视为对市场的深入洞察并使用有助于防止出现误解和混淆的术语。[2]

(一)摆脱谬论和误解

建立竞争情报能力首要的关键一步是准确定义何为竞争情报。如果无法理解这一术语,企业往往会错误地安排人手、界定竞争情报范围并将情报与延伸的图书馆、存档或数据挖掘服务混为一谈。因此,我们在这里会提出一些谬论,读者务必牢记于心。请仔细阅读!

竞争情报不等同于信息,竞争情报"项目"也不提供信息服务。信息服务是由企业图书馆、研究服务供应商(如 Nielsen 或 Gartner)、基于网络的信息集成商(如 Flipboard 和 Scoop.it)以及外包信息收集公司所提供的(如今,这些服务大多由海外的印

---

[1] Daniel Kahneman, *Thinking, Fast and Slow*, Farrar, Straus and Giroux, New York, 2011.
[2] https://www.linkedin.com/pulse/smallest-change-charge-your-career-ben-gilad?trk=prof-post.

度和菲律宾研究中心提供）。信息服务的本质在于避免对信息做出任何改变（信息包装除外），并针对具体问题提供答案。而情报的作用在于解读信息并向管理层提供有关风险和机遇的真知灼见。

竞争情报并非难以获取的信息。难以获取的信息对于培养战略思维几乎毫无用处。

竞争情报并非关乎过去或现在。建立竞争情报系统需要企业建立竞争文化、获得最高管理层的关注以及培养竞争意识；在竞争意识中，预测可能出现的变化（如市场转型）是重中之重。竞争情报的作用在于预测，而非描述，且变化位于竞争情报视角的核心。除预测可能出现的变化之外，余下的工作只是信息的报告。

创建"竞争对手资料"以及其他报告活动业经证明无法为企业带来任何价值。建立竞争对手数据库和信息门户系统同样业经证明无法为用户带来任何真正的价值。此外，单独审视每个竞争对手忽视了竞争动态的本质（即具有高度影响力的市场参与者之间的相互作用）。

竞争情报不是"很乐于知道"，而是"必须知道"。如果竞争情报流程充斥着官僚主义的思维方式，而非以获取深入观点和见解作为唯一结果，该流程将迅速沦为企业的咨询台，没有明确的 ROI 指标。过往经验表明，预算一旦收缩，此类咨询台似的项目将是首当其冲的撤销对象。由于柯达、辉瑞、施乐、美国电话电报、杜邦等企业未能对竞争情报流程和咨询加以区分，导致其早期的大型竞争情报项目要么被大幅削减，要么完全陷入停顿。

（二）切近相关成功因素与原则

尽管设计和实施竞争情报项目的方法多种多样，但这些方法均具备某些共同元素：

（1）竞争情报项目重点关注业内所有具有高度影响力的市场参与者——每个行业板块均有自己的市场参与者。实际上，这意味着竞争分析师最适合于服务业务单元层面，而非企业层面。此外，正是细分市场不同参与者之间相互作用性质的变化为公司创造了风险和机遇。因此，竞争情报流程明确聚焦于变化。

（2）目前，收集数据的最佳方式是运用技术和（或）低成本的外包服务。从 20 世纪 80 年代至今，数据收集活动的性质不断变化，表现在大型企业在实际操作中，基本不再由情报管理人员通过人工渠道进行数据的初步收集。企业可通过具有成本效益的方法来获取次级数据源（即已经发布的数据），无须竞争分析师的参与。此外，信息可以借助技术得到最大程度的传播。市面上有许多可用于有效数据共享的软件程序，并可在企业管理者现有的沟通渠道内实现数据传递。

（3）虽然个人和（或）业务单元被赋予了正式的情报相关职责，但每个组织成员均可能成为一条情报"天线"。如今，大多数企业已经用"独行侠"取代了"单元"概念（即规模非常小的团队或每个业务部门配置的一名竞争分析师以及具有共同关注点及外部信息渠道获取的非正式员工网络）。管理成员网络可能是竞争分析师的任务之一。

（4）竞争情报项目的目标是帮助组织提高敏捷性，而非生成更多信息或解答战术性问题；后者可通过 RSS 等技术和组织内部非正式的信息分享活动实现。

（5）竞争情报项目并非工业间谍活动。竞争分析与获取商业秘密并无关联，而是随着市场状况的变化，形成并分享关于企业在市场中所处相对地位的客观看法，以期帮助公司适应市场变化、实现繁荣发展。

（6）竞争分析师的专业经验源于下列两个因素：

● 竞争分析师是与具有高度影响力的市场参与者（包括客户、最终用户、合作伙伴、监管机构、供应商、颠覆者以及其他各方）有关的所有信息的融合。所有信息的融合有助于企业建立战略视角来审视市场状况。

● 竞争分析师是训练有素的专家，善于了解第三方行为。竞争分析师所具备的专业技能应该在整个组织中获得有效应用。

（三）了解竞争情报项目的目标

组织需要时刻把握市场的转型及变化，以便使自身战略适应不断变化的状况，抑或在极端的情况下，对战略做出改变。培养适应能力是敏捷性背后的核心理念。[1] 竞争分析师及其创建的战略预警流程的目标依托于该定义。

组织应在开发竞争情报项目同时，着眼于实现下列可交付成果：

（1）针对以下因素所形成的机会和威胁提供早期预警：

● 技术变革；

● 政府政策变化；

● 社会和人口变化；

● 有可能扰乱市场格局的竞争行为。

---

[1] Donald Sull, Rebecca Homkes, and Charles Sull, "Why Strategy Execution Unravels—and What to Do about It," *Harvard Business Review*, March 2015, pp. 58-66.

(2) 围绕所有具有高度影响力的市场参与者的变化及其对企业相对战略定位的影响，确保管理层的意识有所提升。

(3) 确保及时了解和预测竞争动态，并做出具有针对性的战略规划决策。

(4) 对组织的竞争力水平进行系统性审核，就公司真正的优劣势以及潜在的阻碍因素，向 CEO 提供未经筛选的、不偏不倚的评估结果。

四、管理会计师在竞争情报流程中发挥的作用

竞争情报是一个对内外部信息加以阐释，以便做出更明智的战略和战术决策的过程。这一观点假定使用情报为更明智决策提供了基本的信息来源。如果疏于使用情报则会导致竞争情报流程无效。

研究表明，企业疏于使用情报源于以下两个原因:[①]

(1) 信息属于"很高兴知道"的类型，但无法提供可改变决策的新见解；

(2) "确证情报"取代了对真实情报的需求。

许多企业竞相投入资金来改善信息的精细度（例如大数据和预测分析），但未能有的放矢，解决数据丰富但见解贫乏的真正问题。[②] 所带来的结果就是最终忽视了对信息的重复投入，并导致信息"噪音"升高，使得管理层对真正重要的市场信号无动于衷。

经过接受培训，管理会计师能够解读信息，从而对管理层所做决策产生影响并对内部流程的有效性进行审核。在将注意力转向竞争情报的过程中，如果管理会计师能够将审核工作重点放在整个组织决策过程中的情报使用情况，便能为组织创造显著价值（详见下文）。

（一）竞争力审计

在互联网时代，信息可得性已不再成为问题。相反，"信噪"受到了很大程度影响，以致许多管理人员和高管人员拥有海量信息（噪声），却无法获得情报（深入见

[①] Ben Gilad, *Early Warning*, AMACOM, New York, 2004.

[②] http：//www.forbes.com/sites/howardbaldwin/2015/05/04/the-challenge-of-figuring-out-the-right-big-data-questions/

解)。拥有海量信息构成了企业所面临的日益严峻的问题。①

竞争情报在整个组织内的流动状况是组织敏捷性水平的一个衡量指标。相关调查显示，许多企业无法通过敏捷性测试。这一情况导致其在战略执行、适应日新月异的环境状况、确定战略举措的轻重缓急、退出不断衰退的业务或有效分配资源等方面面临严重问题。② 管理会计师必须厘清整个组织在情报需求、情报流动以及情报实际使用方面的根本原因并加以应对，而非依赖于对信息清单的简单审计。因此，竞争力审计（管理会计师所熟悉的概念）可以提升多个各自为政部门的敏捷性。

（二）审计对象是什么

在通过内部控制流程指导管理层制定决策的过程中，管理会计师经过培训并积累了丰富经验，从而非常适合于施展更好的竞争情报能力。在此过程中，管理会计师需牢记以下几点：

(1) 竞争情报并非关于提供的信息量（即产出），而是关于市场转型的深入见解。
(2) "信息"更多并不意味着更好。
(3) 情报流动过程中遇到的瓶颈会对组织的敏捷性产生显著影响。
(4) 战略预警的 ROI 远远高于战术性信息的 ROI。
(5) 竞争情报的有效性首要取决于其使用方式及用于何处。从管理控制的角度来看，这是决定竞争情报流程是否值得投资的关键因素所在。

（三）管理会计师能做什么

管理会计师能够以多种方式积极参与竞争情报流程的引入工作。管理会计师的相关职能包括：

(1) 确定组织是否需要建立新的或经过改进的竞争情报流程；
(2) 为高管层和其他高级管理人员提供相关指导，便于其对上述组织需求有所了解；
(3) 与跨部门团队成员一起制订计划，设计、开发和实施全新的或经过改进的竞争情报操作，包括其基础架构；

---

① http：//www.forbes.com/sites/howardbaldwin/2015/01/22/when-big-data-projects-go-wrong/
② D. Sull, et al., 2015.

（4）确定实施战略预警和竞争分析的适当工具及技术；

（5）为竞争分析师提供财务信息、分析及专业知识；

（6）在目标公司的成本核算中促进竞争情报的使用；

（7）确保竞争情报项目实施工作在各自为政的部门中开展（相关研究已将部门间的各自为政确定为组织敏捷性的首要障碍）；

（8）确保竞争分析涉及企业战略的所有层面（业务单元、市场、产品及其他方面）；

（9）持续评估经过改进的、新的竞争情报流程及其对组织的影响，并持续改进竞争情报流程。

五、竞争情报流程

政府层面的情报流程是一个简单而重复的循环。政府情报流程首先根据政策制定者的需求对信息收集工作进行规划，然后经过信息分析、存储及传播，最终接收反馈意见，周而复始，循环不已。在企业中，信息情报流程缺乏系统性，资金投入不足，因此通常集中于项目作业，由管理层界定与信息收集和分析相关的特定问题。实际上，供应商完成了大部分信息收集工作（有时候还包括信息分析工作）。

在设计有效的竞争情报流程之前，我们必须了解政府层面的情报流程与企业需求和实务之间存在的差异。许多企业仅仅试图以"知名"公司作为其参照基准，而常常跳过这一阶段。然而，微软或谷歌的竞争情报流程与诺思罗普·格鲁曼公司或宝洁公司的竞争情报流程截然不同。因此，在设计竞争情报流程时，选择参照基准是最无效的方法。

企业可以借助许多方法来建立竞争情报系统。企业经验表明，以下几个因素对于建立有效的情报流程至关重要：

（1）将各个部门（如产品、市场营销、服务、采购、国家管理及其他部门）的战术信息需求与高管层的战略需求区分开来。部门与高管层需要通过截然不同的活动来有效地满足各自需求。

（2）管理人员围绕自身工作寻求意见或竞争信息时，会借助由专家组成的非正式网络，并通过该非正式网络，了解组织中现有竞争信息的流动状况。这一步骤旨在确定哪些管理人员与外部消息来源保持着密切联系，哪些管理人员为组织中各自为政的部门搭建了沟通桥梁以及各个领域和部门之间的网络连接存在哪些缺口。与专门的竞争情报分析师相比，该内部专家网络可以更快、更有效地满足信息（而非情报）相关的所有或大部分战术需求。

（3）确定必要的决策交汇点；在这些交汇点上，竞争分析师必须提供意见或建议，以防范损失发生或尽早识别及把握创收机会。

（4）确定竞争分析师必须参与的关键组织会议、委员会或规划流程。

（5）分析师与管理层定期召开会议，并建立召开紧急会议的渠道。

（6）强制要求所有新上任和新晋升的管理人员参加教育活动，就理解和使用竞争信息接受培训。

（7）评估各级管理层使用情报的模式，并就该信息情报流程重新进行相应评估。

图 2 列示了典型的竞争情报流程具有的步骤模型。下文将就每个步骤展开阐述。

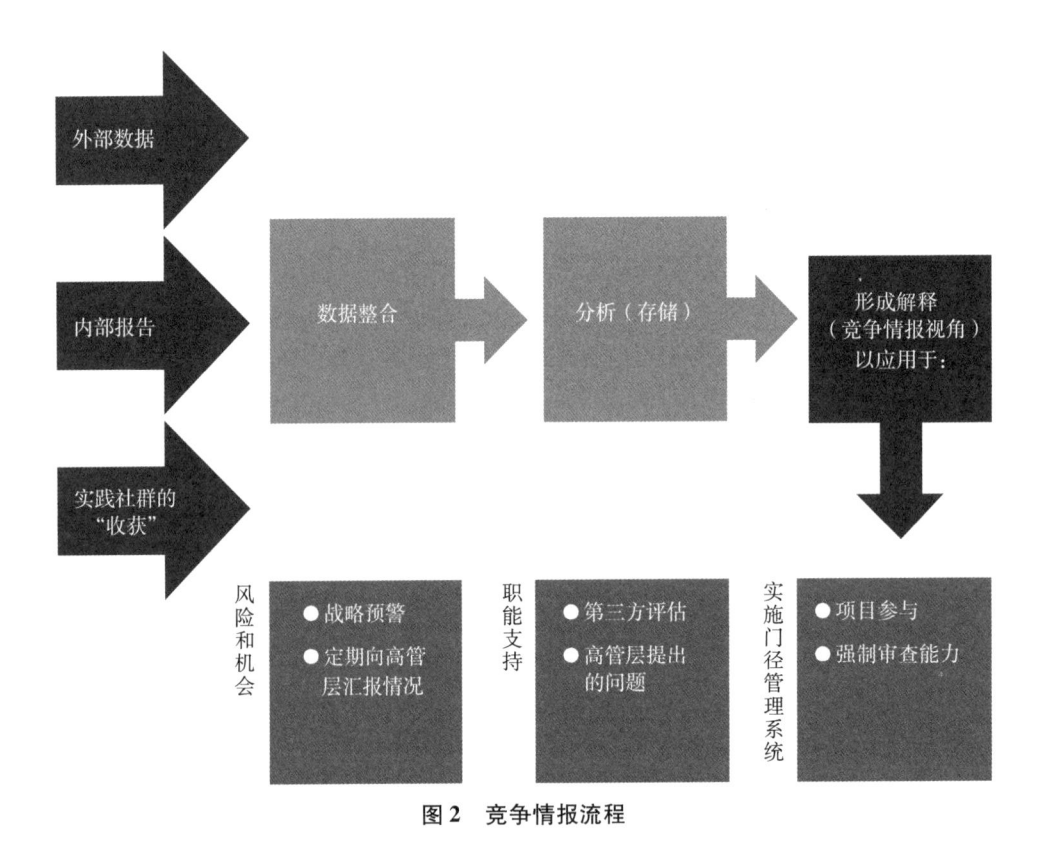

图 2 竞争情报流程

（一）步骤 1：收集数据

情报流程包括通过内外部来源收集数据或信息、进行数据分析或数据整合，以就组织面临的竞争状况形成深入见解，并在恰当的时间和地点将所形成的见解落实，以便为整个组织的各项决策、计划、战略提供信息支撑。切记，情报流程具有迭代性。随着组织决策的实施，市场会做出应对。而后，组织需要对原始决策进行调整和完善，在市场状况发生改变（由于其他各方所采取的行动）的同时，创造出新的机会并带来新的风险，而创造新的机遇与风险可能需要组织制定新的决策或战略。

数据的交汇点必须包括内外部来源。

内部来源。包括组织内部已发布的报告（称为次要来源）以及人工来源（称为主要来源）。例如，市场研究部门编写的市场研究报告必须发送给竞争分析师，以便竞争分析师将报告内容纳入其所持有的观点。针对多个行业的竞争分析师所开展的调查显示，企业存在一种倾向，将竞争情报归入对竞争对手的追踪活动，而这会导致企业"一叶障目，不见泰山"。竞争涉及的不仅是竞争对手，而且所有市场参与者之间的动态作用所产生的影响都将决定企业行动的成败。虽然这一步骤可能不过意味着向组织内部"通信组列表上一个简单的通信地址"发送报告，但如果没有高管层的清晰指令以及管理会计师、审计师的积极执行，那么，这一步骤就无法得以实现。

除了利用与市场相关的所有可获得的内部报告之外，竞争情报分析师之所以取得成功，主要原因在于他们善于利用内部管理人员网络，而这些管理人员拥有接触公司外部情报来源的天然渠道，如采购经理、投资者关系经理、销售人员、服务技术人员等（更多详细内容请参见步骤7）。

外部来源。在世界范围内，绝大多数企业现有的信息收集工作都是以挖掘次要来源（即已发布的报告）为基础的。随着网络的爆炸式发展，次要信息的可得性不再成为问题。相反，减少"噪声"已经成为实施竞争情报流程最为重要的工作内容之一。整个企业可能已经针对竞争对手收集了大量的已发布信息，但尚未对这些信息进行整合。

例如，企业可以随时获取强制性的财务呈报信息，如年度报告以及提交给美国证券交易委员会（SEC）的呈报资料。如果某个竞争对手组建了公共信息办公室并积极开展信息收集工作，那么，该企业可能会获得大量资料并从中提炼出有益的深入见解。可以通过剪报服务来收集商贸出版物所刊登的文章。竞争对手的工作人员撰写的专利和技术文章可以指明其技术发展方向。在某些行业中（如制药和高科技行业），专利和引证关系图（citation mapping）领域均已发展成熟。社交网络分析可以帮助企业明确人员与文件之间的关系，并为之指明热点研究领域。此外，证券分析师撰写的报告可围绕竞争对手的绩效表现、市场地位和可能的发展方向提供第三方观点。这些类型的信息分散在组织各处而且所能反映的内容微不足道，但如果经过编辑、整合和分析，或可更为清晰地反映企业所面临的竞争状况。

原始信息收集。在某些行业中（如零售业），客户访谈是一项日常工作，但通常外包由专业公司完成。在其他行业中，由于法律问题引发的担忧或是网络上充斥的大量信息，企业几乎不对原始信息进行收集。原始信息收集工作基本上名存实亡。

然而，在某些地区，由于缺乏可靠的次级消息来源，因此，原始信息收集工作可能是必不可少的。在中国、俄罗斯、巴西、许多东亚国家以及意大利和葡萄牙等欧洲国家，企业仍在积极进行原始信息收集。企业必须对此给予高度重视，确保参与原始数据收集的人员接受了职业道德和法律培训，原因在于雇用第三方来完成原始信息收集工作无法使相关企业免除法律责任。

另一方面，企业也不应完全将"客户访谈"弃之不顾。企业可针对内部人士合法而有效地开展访谈；竞争分析师可定期与关键人士（俗称看门人）进行访谈，就市场环境变化征求关键人士的意见和看法。正如"走动式管理"是一种广受欢迎的管理风格一样，"走动式信息收集"也可以成为十分有益的做法。此外，企业如今越来越多地通过贸易展会来收集信息；如果可行的话，竞争分析师应该现身大型展会，近距离审视竞争对手、客户、顾问及其他人士并与之进行交谈。再次提醒，与潜在信息来源的任何直接接触都必须遵守职业道德和法律准则规定（如不做失实陈述）。

委托研究。某些组织自身并不收集数据，而是通过研究机构购买信息。近年来，这一做法已经转变为使用海外服务，特别是在印度和菲律宾，讲英语的信息收集者为西方客户编写报告。虽然海外研究机构可以收取较为低廉的费用（例如每年5000～9000美元）来收集整理上市公司发布的相关信息，但绝大多数西方研究机构收取的费用则要高得多。某些资讯服务供应商（如Gartner、IMS和Nielsen）要价高达数百万美元。

大部分此类信息要么属于公开信息，要么是财经期刊定期报道的信息，其中包括专利申请、诉讼、新建工厂或工厂扩建和关闭、公司高管履历、总体或单个产品的销售数据、新产品发布公告等。

过度依赖供应商来获取外部信息风险巨大且浪费惊人。在许多企业，竞争情报流程已沦为与供应商协调项目工作的工具。

依赖外部供应商既非组织能力的体现，也无法为管理层提供有益见解。虽然外部研究服务供应商能够提供有价值的数据，但也会无视与战略预警真正相关的信息，因为它们对企业自身所处的相对地位不甚了解。在进行增值战略评估时，竞争情报流程设计者必须谨慎权衡通过供应商提供数据（及其成本）的必要性。如今，网络信息集成商

（如 Flipboard. com、Northernlights. com 等）能够提供低成本的技术解决方案以替代花费不菲的报告。

（二）步骤 2：存储数据

由于数据存储成本较低，数据噪声被急剧放大，以致企业虽然已经存储了大量数据，却未能真正加以利用。企业要对竞争数据进行整理，以便可以对其进行合理存储和检索。这一点很重要，但应注意不要存储无用数据。

解决数据存储问题的一个方案是存储分析数据来取代原始数据。几乎没有证据能够表明竞争者中央数据库或类似的原始数据存储库能够为管理人员带来价值。

通过数据排序分析，企业可实现对包括行业分析和特定第三方分析在内的数据分层存储。无论是市场参与者采取措施，还是市场变化驱动因素在各个参与者之间进行力量的转移，行业层面的数据排序分析有助于及时把握上述行业发展动态。此外，企业还可以购买软件工具，以便按分析类别进行数据存储（关于情报所使用的分析框架将在下文做更多介绍）。

竞争情报系统中后续层级的数据通常与正在追踪的、具有高度影响力的特定市场参与者相关。追踪的目的是建立特定参与者的综合档案，以便做出相关预测。同样，使用分析框架来存储分析而非储存数据的目的在于减少"噪声"。

至关重要的一点是，组织无须花费所有时间来收集当前市场参与者的数据。市场转型是指现有参与者与新进入者之间的力量平衡正在发生变化，而这一变化归因于市场上出现了具有颠覆性的替代产品（例如，优步对出租车行业以及亚马逊对传统数据存储业务的冲击）和新客户的崛起。因此，跟踪引发变化的驱动因素相比简单地收集和存储大量无用数据更为关键。引发变化的最为重要的驱动因素包括技术、政府、社会或人口趋势以及竞争行为。

（三）步骤 3：建立情报视角

所有有关竞争情报的热门文章均以"提供具有可操作性的情报"这一理念作为共同主题。虽然敏捷性的确意味着组织通过采取行动（主动或被动），使战略适应不断变化的市场状况，但不应根据所采取（或未采取）的行动对竞争情报流程加以评判。采取行动是管理层的特权，情报的作用是通过与管理层进行对话来塑造和影响（战略）

思维。组织不可能高估竞争分析师与管理团队（和项目团队）之间对话所具有的价值。管理层可能决定推迟行动，或者决定对情报置若罔闻。在这两种情况下，情报都未能促使组织采取行动，而这一点与情报的内在价值无关。

之所以侧重于具有可操作性的情报，是因为军事情报模式的影响，因为面临敌人威胁时，必须立即采取行动。确实，某些形式的信息（如战术性的市场营销信息）可能引发组织在产品或服务层面立即采取行动。然而，这一点通常是由交换"消息"和"警报"的内部网络所驱使的。该内部网络能够引起更快的信息流动。竞争情报最有价值的贡献体现在战略领域——在战略领域，适应市场变化以及预期市场转型而采取积极行动需要投入大量时间和巨额资金。行动迟缓造成把握机会不利或未能对威胁做出充分反应等错误可能给企业造成严重后果。像其他经济活动一样，组织必须将竞争情报活动以及专门的竞争情报资源部署在潜在 ROI 最高的业务领域。

生成情报意味着形成有关市场竞争的见解或观点，揭示可能存在的风险和潜在机会。这是竞争情报流程的核心所在。开发获取观点的工具是组织的重中之重。一些经验丰富的管理人员可以通过吸收借鉴经验获得深入见解。调查显示，如果竞争情报分析师希望对管理决策产生影响，那么，他们必须对行业具有深入了解。尽管如此，仅仅依靠经验是不够的。竞争分析师的工具箱中必须包含严谨的分析框架。这些框架在分析现实的竞争状况时，具有无可估量的价值，这一点已得到实践验证。

可用于进行业务分析的技术多达数百种。其中绝大多数技术是商学院所教授的 MBA 技术，但在现实世界中，几乎没有任何竞争情报分析师（或其他管理人员）使用这些技术。尽管 MBA 普遍受到业界认可，但其并非成为竞争分析师的先决条件。

情报视角并非一种技术，而是对特定市场中所有具有高度影响力的主要参与者之间实力的变化和转换情况加以解读。如果竞争情报分析师希望就主要参与者之间的相互作用（称为竞争动态）建立自己的观点，两个最重要的条件就是行业经验和对于行业发展演变的深入了解。

行业经验是指从业者从业过程中对行业形成的深入了解。管理人员所承担的角色和任务给予了他们更多了解行业的机会，但哪些背景具有优势并没有一成不变的标准。杰出的竞争分析师得益于之前所从事的各类工作：市场营销、业务发展、科学技术、产品管理和其他。

虽然拥有行业从业经历并对行业具有深入了解是一项必备条件，但不足以建立战略视角。为此，相关人员必须深入学习行业演变的有关理论并付诸实践应用。战略领域最为成功的框架是由迈克尔·波特（Michael Porter）提出的"五力模型"。①"五力模型"框架具有高度的实用性，自1980年首次发布以来，围绕"五力模型"进行探讨的文章和新闻报道不下数百篇：例如，2012年，《财富》（Fortune）杂志上写到，"他（迈克尔·波特）所影响的高管和国家超过了世界上的其他商业领域教授"。② 虽然许多学者和咨询公司试图提供其他框架来替代波特提出的简单框架，但都是"昙花一现"，热度持续不了几年时间。

分析行业演变。波特"五力模型"描述了五种力量（即具有高度影响力的市场参与者）之间的相互作用。这五种力量共同决定了世界各地行业的盈利水平。五大力量是指：供应商和供应链；买方和需求链，其中包括分销商、客户和最终用户（如有不同）；潜在的行业新进入者；行业价值链的颠覆者（替代品）；竞争对手——整个行业现有的市场参与者及其遵守的游戏规则。

上述五种力量对平均盈利能力有着立竿见影和显著的影响。例如，在个人电脑行业呈爆炸性增长时期，英特尔和微软赚取了计算机制造商的大部分利润，以至规模最大的计算机制造商（IBM、康柏、惠普、宏碁、索尼、东芝等厂家）的利润仅仅保持在较低的个位数。所造成的结果就是大量公司退出个人电脑行业。康柏被IBM收购。而后，IBM又将其个人电脑业务出售给了中国制造商联想。因为利润较低，惠普试图退出个人电脑行业，但功亏一篑，索尼和东芝等巨头也都纷纷退出。供应商力量所产生的影响也突显了战略的作用。在这个受"Wintel"掌控的产业中，虽然大型计算机制造商苦苦挣扎着赚取利润，但一家小型制造商（戴尔）采用了与其他制造商不同的战略，发展成为最大的个人电脑制造商以及20年来盈利能力最强的企业。因此，行业结构可以确定平均盈利能力，但睿智的企业战略有助于企业应对压力并获取利润。

在不同的行业中，力量平衡状况不尽相同，因此取得成功的战略也有所差异。此外，发展中的产业、成熟的产业和衰退的产业针对五种主要力量的相互作用展现了不同的视角。例如，由于强有力的颠覆者（即替代品）的出现，衰退的行业几乎一直在没落。在成熟的行业行，几乎总是存在对价格相对敏感的买家，寻找更为便宜的产品（不一定是替代品）。因此，在制药行业中，对利润影响最大的因素是政府的购买力以及政府对仿制药品的推广。

某些评论文章认为，波特"五力模型"忽略了外部因素给利润带来的其他压力，

---

① Michael Porter, *Competitive Strategy*, Free Press, 1980, 1999.
② http://fortune.com/2012/10/15/theres-no-quit-in-michael-porter/

其中包括宏观经济条件、政府和政治风险（如战争、网络攻击和恐怖主义）、物理条件（如气候变化）、社会运动（如行动主义）等。这是对波特模型的一种基本误解。波特并不否认宏观事件造成的潜在影响。相反，他指出任何宏观事件必须首先对五种力量（具有高度影响力的市场参与者）中的一种或多种力量产生影响，进而才能影响整个行业。因此，通过环境扫描明确其对行业的潜在影响以及对公司战略的潜在影响（这一领域有时俗称为"环境扫描"），是应用波特模型并将其作为竞争情报流程基础的必要组成部分。

尽管波特模型是静态的——反映的是某个行业（市场或细分市场）在任一时刻的力量平衡"状况"，但该模型最重要的方面是其能够展现行业的演变。可以说，力量平衡状况的任何变化无外乎一场"地震"。克莱顿·克里斯蒂安森（Clayton Christiansen）描述了行业演变呈现的一个方面——颠覆者给现有产业的盈利能力和生存能力所带来的毁灭性结果。[①] 其他变化，例如价格敏感度的上升、价格战以及降低市场准入壁垒，会为现有的市场参与者造成巨大影响。因此，显而易见的是，预测行业演变是竞争情报视角的第一要务和责任（以及价值）所在。

为了预测行业结构的转变，竞争分析师必须跟踪四个主要的变化驱动因素：

（1）技术变化既可以具有颠覆性，也可以是竞争对手、供应商甚至买方所使用的新技术。例如，互联网提高了买家的议价能力，这一点远超其他因素。在音乐等一些行业中，这一影响意味着许多唱片公司将因此倒闭。

（2）政府能够对行业的盈利能力产生巨大且通常是破坏性的影响。政府监管、某些国家存在的政府腐败现象以及政府采取的反垄断措施可以彻底改变一个行业的力量结构。预测政治动向是十分困难的，但这是竞争情报视角必不可少的组成部分。在试图预测市场变化时，了解政府政策（特别是所谓的"前瞻性"政策）可能产生的意外后果是分析师必须开展的一项工作。

（3）社会和人口变化对于企业（特别是消费品市场企业）兴衰的影响最为缓慢，但也可能最为显著。例如，我们不能低估老龄化对食品行业的影响。当消费者结构发生改变，而企业却未顺势而变，就会陷入破产的境地。例如，作为美国曾经规模最大的面包店以及"Hostess"品牌生产商，IBC公司因无法适应脂肪和面粉消费模式的变化，最终于2004年破产。

（4）最后，尽管大多数竞争行为不构成变化驱动因素，但某些竞争行为却属于变

---

① Clayton Christensen, *The Innovator's Dilemma*, HarperBusiness, New York, 2011.

化驱动因素。例如，微软进入掌上电脑市场使得 Palm Pilot 公司走向末路，因为微软的商业模式与 Palm Pilot 截然不同。

监控导致行业变化的驱动因素、预测行业发展方向、甄别变化所带来的机会和威胁是一门艺术。虽然分析技术和大数据可以对现有和新出现的行为（主要是消费者行为）模式进行检索，且市场研究能够深入挖掘现有需求的本质，但具备觉察变化的基本能力是与生俱来的天赋。分析师觉察变化能力随着经验积累而不断发展，即将分析框架付诸实践并学习如何利用分析框架过滤信息噪声，这就是杰出的竞争分析师价值千金的原因所在。如果企业将竞争情报流程视为官僚化且拖拖拉拉地报告工作，可以由初级信息"专家"执行实施，那么，就完全错失了竞争情报所能带来的最为核心的益处。

第三方分析。尽管行业演变分析是竞争分析师最为重要的职责，会占据他们绝大部分的工作时间，但如果有必要针对个别管理人员的优先事项提供临时支持，就需要竞争分析师成为熟知第三方（如具有高度影响力的市场参与者）的企业专家。通过若干分析工具，分析师能够更加深入地了解第三方的行为，而其中最有效的工具就是波特四角模型。四角模型是一个行为经济模型，该模型将行业的经济状况与分析对象的特殊特征结合起来。

行为经济模型的基本假设是：经济决策受到心理、社会学、政治、历史和偏离纯粹"优化"行为的其他因素的影响。[①] 在自由市场中，如果经济力量没有被过度的政府干预削弱，那么将非常迅速地消除不合理决策的影响，只有理性的、最有效率的企业才能在市场中立足。然而，自由市场十分罕见。企业受到政府所设置的障碍的保护，"权贵资本主义"在许多国家是个不争的事实。在这些情况下，与经济关系不大的政治因素可以在分析某企业的行为时发挥用武之地，最为重要的是，这些因素还能预测该企业的举动。例如，虽然石油价格在 2014 年出现暴跌，但国有石油公司的行为并没有显示出其要进行理性经济计算的迹象。相反，政府的财大气粗、政治目标以及国家利益超越了短期经济利益。

上文并非表明经济力量是无能为力的。最终，经济力量总会占据上风。国家会破产（如阿根廷），企业面对低成本竞争对手失去竞争力（如当美国和欧洲面对中国时），市场会对低效率行为进行惩罚。然而，在短期内，在对行为做出预测时，考量行为因素的影响是最为有效的方法。

---

① Justin Fox, "From 'Economic Man' to Behavioral Economics," *Harvard Business Review*, May 2015, pp. 79–85.

行为经济学不仅在宏观经济层面发挥影响，在个人层面亦是如此。因此，诸如公司历史、高管背景、一系列根深蒂固的信念（"盲点"）等因素可能导致公司的行为方式看起来并非最佳方式。许多收购交易符合这种模式，因为这些交易是出于自负、权力、恐惧和其他非经济因素而发起的。由于这些非经济因素的存在，这类收购交易的失败率非常高（一些估计认为该比例高达75%）。

波特四角模型包含上述所有元素，甚至更多。四角模型研究了显而易见的行为预测因素——策略和能力，然后着眼于不太明显的行为预测因素，如驱动因素及假设。即便在研究显而易见的行为预测因素时，波特模型赋予竞争分析师灵活性，以便进行深入分析或保持在最高战略层面开展分析：竞争分析师既可以深入产品层级开展分析，也可以保持在业务部门层级开展分析。当涉及行为方面时，波特鼓励分析师将母公司的约束条件（例如财务决定）、高管人员、企业文化和历史等问题纳入考虑因素。

四角模型中最具启发性的内容是对假设进行管理。此时，分析师必须尽可能地开展深入分析，以便了解其正在分析的第三方管理层的思维模式。这更像一门艺术，而非科学，但是，如果分析师表现够好，这将成为其专业技能的巅峰。很少有分析师能达到这个水平，但一旦达到这一水平，他们将获得丰厚的报酬，成为专业"明星"。

"站在竞争对手的角度思考"或"站在客户的角度思考"，我们可以通过情报失察案例轻而易举地认识到这两者的价值。最为人诟病的情报失察案例——"9·11"事件、第四次中东战争以及极端组织"伊斯兰国"，可以说几乎都是源于未能了解相关群体的心态，这些群体的思维方式要么截然不同，要么细致而隐晦。有时，失察是决策者造成的（奥巴马总统对"伊斯兰国"问题的处理，克林顿总统对基地组织的处理），而非情报部门的原因。在其他情况下，如"9·11"事件和第四次中东战争，是情报部门自身未能对某一迫在眉睫的事件线索做出正确评估。

在商界中，因未能了解沙特政府的心态和思维，导致业界未能预测石油价格的大幅跳水。因未能了解中国消费者习惯和当地文化等情况，诸多西方公司（如乐购、松下、百思买、家得宝等）在中国遭遇滑铁卢。当进入新兴市场时，妄自尊大会造成巨大影响。

盲点分析。识别企业是否妄自尊大（或盲点）的能力是一项重要的情报工具，也是情报分析师的潜在责任。这一能力能够帮助分析师对产品和初创企业的失败、未能按时退出市场（因此面临沉没成本偏差）以及未能估计到收购交易中文化整合困难等因素导致的失败做出预测。当然，发现（导致盲点的）错误假设的能力是不易获得的，但是时间、经验以及对战略文献的深入钻研可以让分析师了解可能导致战略失败的原因。

分析师必须具备批判性思维。识别所在公司管理层存在的盲点可能是分析师最具价值的贡献。虽然研究表明，下级说服高管层并让他们承认自己的错误几乎是不可能的。分析师可运用一些技术手段来克服因观点不同所引发的管理层的抵制（例如鼓励员工"唱反调"、鼓励分歧、召开"战略研讨会"以及扩展可信赖的顾问圈），但这需要管理层保持高度警觉，留心形成盲点的可能性。[①] 然而，实际情况是，当高管层形成了根深蒂固的观念时，唯有危机和更换管理层才能挽救公司。无论竞争分析师在评估盲点方面拥有何种专业水平，竞争情报流程已经发挥了最大的作用。

（四）步骤4：应用竞争情报视角

围绕市场变化，建立竞争情报视角并就此进行沟通，可以在竞争信息的收集和分析人员与利用竞争信息做出决策的人员之间建立起完整闭环，但这通常是竞争情报流程中最薄弱的一个环节。

管理会计师经过遴选可以担任公司首席风险官，负责竞争情报流程创建和牵头工作并对现有流程进行审计，以此作为其规划和成本控制责任的一部分。管理会计师应该认识到早期开展竞争情报活动所犯的错误，这些错误造成 ROI 偏低或导致专门的竞争情报资源被消除殆尽。错误表现为竞争情报分发和应用之间的混乱。以下是应该我们注意的一些教训：

（1）竞争情报不是用来分发的。信息、数据和购买的报告可以进行分发，但竞争情报必须得到应用。了解这种差别是成功的竞争情报项目和失败的竞争情报项目之间的主要区别。

（2）官僚思维将竞争情报仅仅视为更多的信息，侧重于通过内部信息门户、竞争对手资讯、竞争对手概况介绍和其他形式来进行分发。经验表明，尽管受到某些大型公司"毫无价值的忙碌"思维的青睐，但这些活动产生的回报非常低。

（3）首先应认识到情报的价值完全取决于情报的使用，竞争情报产品（竞争情报视角）应部署在三个并行的工作流中，并将重点放在确保竞争情报的使用上，而非信息的分发：

①战略预警（SEW）的部署；

②为高管团队各成员提供决策支持；

---

① Emre Soyer and Robin Hogarth, "Fooled by Experience," *Harvard Business Review*, May 2015, pp. 73–77.

③对战略项目进行持续投入并对最终建议进行强制复核(如果可行)。

下文将针对上述三个工作流程展开讨论。

战略预警(SEW)流程。竞争情报流程的主要作用,是为分析师提供预测市场变化和转型的能力。"战略预警"[①] 应是竞争分析师及其上级的第一要务,包含两种形式:

(1) 定期向高管层(和董事会)通报情况;

(2) 根据紧急事态的发展情况向小型领导团队不定期通报情况。

在这两种形式中,情况通报应侧重于战略风险和机会,而非数据或报告。情况通报往往都是面对面形式的,但可提前分发支持性信息。作为竞争分析师的上级(首席风险官)有责任确保高管层的工作日程上包括听取情况通报的机会和时间。

为个别高管提供支持。有时,CEO、研发负责人、市场营销副总裁、CFO 或其他高管人员在各自的工作任务上需要获得支持。举例说明:在与收购目标公司或主要客户的 CEO 会面之前,向 CEO 简单介绍相关公司或客户的情况;向研发负责人深入介绍竞争对手公司产品开发活动的进展情况以及细分领域创新活动的整体情况;回答高管团队提出的其他具体问题。有时,提供支持需要实施信息收集项目,且项目资金优先通过高管预算支付,而非通过竞争情报流程预算支付。竞争分析师特有的专业技能可确保其提出恰当的问题,将项目规模控制在较低水平且易于管理,并符合道德和法律要求。而后,竞争分析师将答案纳入其不断发展的竞争情报视角中,确保"大局观"能够影响高管层的思维模式。

项目审查。大部分竞争情报工作涉及企业内部项目。业务性质决定了企业需要为各种战略计划(项目)投入大量资源。利益相关性越大,确保情报用于形成建议及战略计划实施的迫切性就越高。实践证明,以下几个步骤有助于建立先进的竞争情报流程。

(1) 确保竞争分析师参与项目团队会议。分析师出席会议的目的是提供意见和建议,同时熟悉项目的进展情况。

(2) 要求对项目形成的建议进行强制审查,经竞争分析师(或首席风险官)签字批准后方能执行。涉及的利益越大,情报的应用就越发必要。在改进决策的过程中,这一步骤被认为是最为有效的一步。

(3) 建立早期预警,监测项目的实施情况,如有必要,可调整项目团队或负责的高管。

---

① B. Gilad, *Early Warning*, AMACOM, 2004.

（五）步骤5：为战略规划流程提供意见和建议

无论从表面上还是直观上来看，战略规划都是一个有益的综合性活动，但在许多企业中，战略规划职能已被冷落。原因与"为什么一些竞争情报部门会被撤销"的答案类似，即官僚（"毫无价值的忙碌"）作风取代了竞争情报流程的实质和价值。

形成战略并对其进行修正是高管团队的职责，而非战略规划部门的职责。战略规划部门所扮演的角色在过去几十年时间里不断被边缘化，沦为了业务部门在截止日期之前完成计划制定工作的协调部门以及标准化模板的提供部门。许多长篇累牍的战略计划被长期搁置，几乎没有得到任何实施。这不足以证明战略规划者的预算合理性，因此，许多部门关门大吉。

战略规划是一个动态过程，受到市场变化以及出现的机会和风险因素所驱动。虽然战略和愿景陈述书可以成为确保战略一致性的有力工具，但是对于绝大多数管理人员来说，保持战略一致性并不是个问题。① 真正的问题是组织的敏捷性：即尽早、尽快地适应变化，从而做出积极改变的能力。

如果公司仍然保留了战略规划部门或负责战略工作的高管职位，那么，它们与竞争情报流程应该保持直观、清晰、简明的关系。但现实并非如此简单。战略规划流程与竞争情报流程必须结合连接，而实际情况往往并非如此。在许多公司中，竞争情报的汇报对象是市场营销部门，与战略制定几乎没有任何关系。

在规模较小的组织中，竞争分析师可以替代战略规划者的角色。向管理团队提供战略见解并由管理团队实时审核和修订战略，而不需要官僚程序的介入以及大量的文件处理工作。在大型组织中，最好通过"商战模拟"形式将战略情报视角纳入战略计划中。

（六）步骤6：将"商战模拟"与竞争情报流程结合起来

"商战模拟"被誉为最有效的情报利用工具。② 在过去十年里，"商战模拟"在公

---

① D. Sull, et al., 2015.
② B. Gilad, *Business War Games*, 2009.

司、品牌乃至国家层面都得到了广泛青睐，并经实践证明，具有显著的成本效益。[①]"商战模拟"其实是一个误称，但它能迅速传递这样一种信息："商战模拟"即战略研讨会，参会者通过扮演第三方角色（例如竞争对手、主要客户、监管机构以及其他各方），可以对计划进行现实评估，并对战略选择进行压力测试。

组织可以在高管做出投资决策之前就实施"商战模拟"，将其作为拓展活动的一部分，或者放在产品和国家层面进行演练。只有"商战模拟"能够在高管做出最终承诺之前执行完毕并且战略计划具有改进空间，"商战模拟"才算有效。"商战模拟"具有多种形式，但最有效的形式是以能够引导参与者准确评估和预测第三方未来行动的竞争情报。在针对管理层的计划、想法和战略选择进行压力测试方面，以竞争情报为基础的"商战模拟"相比其他方式能够取得更出色的ROI。

（七）步骤7：培养实践社群

旧的竞争情报模型要求用户就收到的情报质量和数量提供反馈。经验表明，这种反馈（基本上只能算是一个客户满意度调查）没有什么实际价值。虽然个人用户可能乐于获得免费情报，但一旦"竞争情报服务开始收费"，个人用户对于情报的需求就会很快消失。在尝试了按部门统一收取情报费用的方法后，大多数公司又重新回归到通过集中划拨资金支付情报费用的老路上来。

按部门统一收取情报费用的模式推行情况不佳，这一点表明为了确保竞争情报的价值，关注重点应从情报供应转向情报需求。这是过去大概五年的时间里，思维方式发生的根本性转变。这一点需要教育、文化转变和其他方面长期努力的配合，但它带来的直接影响是：耗费不菲的专属竞争情报资源（如分析师），也不应该只是为了满足战术信息的需求。

采取理性的经济手段获取情报，而不是通过模糊的"反馈和满意度调查"获取情报意味着需要对现有的竞争信息善加利用才是正确之举。这一点告诉我们：

首先，尽可能多地通过技术（例如集成商、RSS、剪辑服务和其他低成本的替代方案）来满足产品层面的战术信息需求。对于负责管理竞争情报流程的高管而言，其职责是确保用户（如产品经理、品牌总监、市场营销经理、技术经理以及需要战术竞争信息

[①] B. Gilad, "Competitive Intelligence Shouldn't Just Be About Your Competitors," *Harvard Business Review*, May 18, 2015.

但无法支付费用的其他人员）接受相应培训，了解如何使用技术来完成自身的信息搜索和收集工作。通常，这意味着需要确定这些群体的兴趣所在并为之提供量身定制的集成商服务来获取信息。

其次，每家公司的每名管理人员都拥有一个非正式的人员网络，在需要获得专家意见时，该管理人员可以求助于该网络。该网络也称为实践社群（CoP）或协作社群，可在整个组织中传递竞争信息。如今，已有不少书籍和文章对有效利用实践社群进行了探讨。竞争分析师或首席风险官可以加以学习和借鉴，而后应用到竞争情报流程中来。某些公司通过有效使用实践社群来推进竞争情报流程，其中广为熟知的公司包括爱立信、荷兰皇家壳牌石油公司及诺思罗普·格鲁曼公司。

六、实用建议和教训

组织不应投入大量精力、时间或资金来建立竞争情报项目。有效的竞争情报流程可在几周内得以实施，中小型公司更是如此。① 下文将列出几项建议，帮助流程设计者设计流程并确保流程的顺利实施。

（一）保持耐心

虽然竞争情报流程可以很快投入实施，但竞争分析师需要时间来深入了解重要的、具有高度影响力的市场参与者并形成专业见解和直观判断。如果分析师接受过相关培训，能够纵览大局并运用上节所介绍的分析框架，那么，这将有助于组织建立竞争情报项目。最近，FGH竞争情报学院针对企业分析师开展的一项调查显示，波特提出的框架是企业分析师开展分析工作最为有效的工具。但是管理层必须保持耐心，直到得出"中肯"的见解。管理层与战略情报分析师之间展开诚实和坦率的对话，是形成竞争情报最为重要的因素。

（二）建立经济思维

许多公司对需求分析并不陌生。需求分析审视了哪些客户能够为公司贡献大部分的

---

① 例如，见 Rob Cross, Tim Laseter, Andrew Parker, and Guillermo Velasquez, "Using Social Network Analysis to Improve Communities of Practice," *California Management Review*, Nov 1, 2006.

利润,以及放弃哪些无利可图的客户。在部署耗资巨大的专业资源时,公司同样应进行类似的需求分析。竞争分析师不应只是推广信息,也不应成为各级管理层的咨询台。

如果你正在对现有流程进行审计,那么,你应该提出如下问题:"有价值的需求在哪里?""对于情报而言,哪些客户能带来收益?"得出答案往往比人们设想得更为容易:竞争情报的价值总能够反映其所支持的计划或决策在经济角度的重要性。

(三)认识到确定优先事项并非易事,获取实时反馈决定了一切

政府模式在很大程度上依赖于关键情报主题(KIT)这一概念。该概念源于层级化、集中式的军事范式,其中,情报是一个系统化、拥有丰富资源、以产品为导向、不受业务约束的流程。通过使用 KIT,情报专业人员可以启动新的竞争情报项目,与高管人员面谈以了解他们明确的需求,并围绕这些需求规划自身工作。然而,在商业领域,围绕 KIT 与高管人员进行访谈往往无法形成任何见解,或者更为糟糕的是,高管人员提出了"方方面面"的要求。虽然高管人员的兴趣和关注点不断发生变化,但是他们很少会与竞争分析师分享不断变化的优先工作事项。

我的建议是:流程监督者需要确保分析师与决策者之间具有可行的最短的沟通渠道,尽量减少信息过滤的层级。设计实时反馈机制是竞争情报工作取得成功的第二个关键因素。

(四)运用判断来挑选合适的候选人

如果竞争情报流程无法有效发挥作用,公司所犯的最大错误也许是混淆了信息专业人员与竞争分析师。遴选竞争情报分析师应该基于其纵观大局的能力(战略思维),而非基于其信息搜索能力,信息专业人员(图书馆管理员、数据科学家、搜索专家等)并不是情报分析师。

(1)我们应该清楚一点,并不是每个人都能够或应该成为情报分析师。我们通过分析 FGH 竞争情报学院所收集的有关其校友取得成功(或失败)的案例数据,得出了竞争情报分析师这一新生角色所需具备的技能。关键技能包括了解战略、情景设置、商战模拟、分析技术的相关原则以及与管理层进行沟通的能力;其次是信息收集技能。

(2)必须具备对行业的深入了解。

(3)虽然 MBA 并非成为竞争情报分析师的必要条件,但必须具备一些财务知识,

因为几乎所有的高层用户都是通过 Excel 视角来了解这个缤纷世界的。

（4）求知欲是每个聪慧的分析师表现出的基本特征。

（五）用户教育

针对管理层所开展的研究和调查表明，大多数高管人员不认为情报是必需品。他们经常把情报与竞争对手细枝末节的信息混为一谈，而后者不会给他们的决策带来任何影响。因此，关键的一点是说服整个高管团队，将竞争分析师视为市场深入见解的提供者，而不是数据和竞争对手信息的提供者。一旦确定实施竞争情报流程并经管理层签字批准，那么，维持竞争情报能力的关键工作就是为用户提供情报方面的教育。为用户提供一些基本培训，让其了解情报的本质和价值，这将有助于确保用户通过实际的情报应用来改善其决策。

七、组织和管理会计师面临的挑战

对于许多公司而言，设计和实施竞争情报流程意味着关注点的重大转变。组织必须放弃过往强调的历史、财务、内部导向信息，转向一种以外部信息为导向的视角。这一视角有时需要做出定性和判断，同时强调市场力量和竞争是组织成功与否的重要决定因素。即便是那些自认为以市场为中心的组织，通常也只是"以客户为中心"，未能从整体角度看待竞争。

上述文化转变必须由最高管理层带头发起实施，并不断得到最高管理层的支持。对管理层竞争力的真正考验是他们对情报的需求，而不是要求"以口头形式"告知他们"竞争如何重要"。当管理层要求获得情报简报、积极支持在所有重要的高管会议上安排有关战略预警内容的演示，并让竞争分析师参与所有战略讨论，如此一来，组织才会具备竞争力。换言之，获得情报之后，管理层所面临的考验则体现在"效其行而非依其言"。

对于什么是竞争情报（或什么不是竞争情报），业内存在一些误解，而获得并一直维持高管层的支持和参与是企业迈出的第一步，这一步非常重要，也往往是困难的一步。请记住，真正的需求（使用）比口号更重要，这可以帮助组织将精力集中到获得恰当的支持上。

管理会计师所面临的挑战是将其能力应用到竞争情报等重要的新领域中。管理会计师经过培训，熟练掌握了数据收集、分析和演示等技能。以前，他们将大部分此类技能应用于内部和历史财务会计方面以及管理决策制定方面（主要基于成本分析）。然而，管理会计师必须越来越多地涉足分析和控制新领域。竞争情报为他们提供了机会，同时也提出了挑战。

让管理会计师成为流程设计者或流程评估者，这背后的逻辑是企业如今已经认识到战略风险管理的必要性。在许多组织中，"财务长"或"会计长"承担了这些责任，但他们却没有真正理解"战略"风险的含义。相反，他们将战略风险管理限定于审视财务风险。"战略预警"和"市场洞察"领域为管理会计师提供了一个新方向，可扩大其接触面、提高其影响力并拓宽其专业知识。在中小型企业中，除了管理会计师，没有其他人能够胜任这项工作。

八、结　束　语

成功执行战略的首要能力是组织具有敏捷性：即调整战略以适应不断变化的市场状况的能力。无法适应变化的组织将无法在市场立足。组织保持与时俱进，首要的是能够及早预测市场变化，以便采取积极行动。组织"必须"具备敏捷性和适应能力，这需要建立首屈一指的竞争情报流程，而不仅仅只是一个推动信息交流的流程。思科公司偶像级首席执行官约翰·钱伯斯（John Chambers）担任这一职位20多年（直到2015年退休）。他说："思科之所以能够取得成功是源于我们对市场转型的预见、把握和领导。"[1] 如果忽视这些金玉良言，任何一名高管人员都注定在岗位上走不远。

确保组织能够针对市场转型做出有效预期，第一步就是设计、培育和推动真正的情报流程。区分有效情报（预期）能力与无效情报能力的最重要因素，是公司了解"毫无价值的忙碌"这样的官僚式信息活动与由深入见解驱动的战略视角之间的区别，后者可以帮助管理层领先一步。

---

[1] John Chambers, "How We Did It," *Harvard Business Review*, May 2015, p. 36.

附录 A　竞争情报动机测试（CIMT）

建立竞争情报项目的动机通常是衡量该项目未来情况、成本及其有效性的良好指标。以下问题可以指导读者就是否值得耗费时间和精力来采取措施建立竞争情报项目。

竞争情报动机测试（CIMT）：

（1）建立竞争情报项目的动力是否与创建"竞争者信息"中央存储库的想法相关，即每个管理人员都可以使用该存储库来加深对竞争对手的了解？如果答案是肯定的，请注意，创建这些存储库的 ROI 将会非常低。

（2）建立竞争情报项目的动力是否与"更好地了解竞争对手正在做什么"这一需求相关？如果答案是肯定的，请注意，竞争对手活动报告的 ROI 将会非常低。

（3）发展竞争情报能力的动力是否与下述信念相关，即组织内部对竞争对手有着相当的了解且竞争情报项目能够系统地对此加以利用？如果答案是肯定的，请注意，这说明建立正式的内部员工网络来推动创建竞争情报中央存储库的尝试已完全失败。

（4）发展竞争情报能力的动力是否与希望让更多的管理人员掌握更多的竞争对手信息相关？如果答案是肯定的，请注意，这个目标没有真正的 ROI 衡量指标。

（5）建立竞争情报项目的动力是否与担忧竞争对手对公司的了解超过了公司对竞争对手的了解相关？如果答案是肯定的，请注意，这种担忧是毫无根据的，而且针对竞争对手的活动，如果只是为了追踪而追踪，其 ROI 是非常低的。

（6）建立竞争情报项目的动力是否与下述假设相关，即销售人员和中层管理人员可以利用更为及时的有关市场、竞争对手产品的信息以及有关竞争对手的其他消息？如果答案是肯定的，请注意，正式的竞争情报项目并不能提高中层管理人员或销售人员获取竞争对手相关信息的速度。

（7）建立竞争情报项目的动力是否是基于下述模糊的前提，即组织可以利用更多的外部焦点信息？如果答案是肯定的，那么，组织会因更多"噪声"而无法达成这一目标。

（8）建立竞争情报项目的动力是否是基于下述希望，即提高组织的预期能力以及组织应对变革的敏捷性？如果答案是肯定的，那么，放手去做吧，其 ROI 将是上述举措中最高的！

附录 B　开展特别分析的相关技术

虽然两个基本框架——行业演变和第三方评估（四角模型），是竞争分析师发展情报能力所需的全部内容，但有时候，分析人员或许能发现一些开展特别分析的空间并可利用商学院所教授的工具或咨询公司所使用的工具来开展特别分析。请注意，在实践中，此类分析（例如逆向工程、财务分析、客户分析等）更可能由组织的另一个职能部门（如财务、市场营销或研发部门）来完成或外包给专注于工具研究的公司；竞争分析师不太可能成为所有工具的专家。此外，请记住，随着大数据的发展（即面临大量的结构化和非结构化的客户数据、交易数据和社交媒体数据，组织借助统计技术，可以相对容易地进行数据组合和分析），服务供应商提供了许多服务，可以帮助分析人员轻松执行数据分析；分析人员使用软件工具，但无须深入了解该工具背后的统计或编程原理。

现在，许多软件包都采用了一种流行的编程语言——称为 R 语言。例如，www.alteryx.com 便使用了 R 语言，分析人员只需要通过"拖放"操作来执行复杂分析。此外，在分析结果方面，通过使用图形程序，分析师能够轻松获得精细的视觉展示效果，如得到广泛使用的 www.tableau.com。

最后，由克雷格·S. 弗莱舍（Craig S. Fleisher）和芭贝特·本苏桑（Babette Bensoussan）合作撰写的《战略与竞争分析：商业竞争分析的方法与技巧》（*Strategic and Competitive Analysis: Methods and Techniques for Analyzing Business Competition*）（第一版，Prentice Hall，2002）一书，有助于分析师了解一系列详细的特别竞争情报技术。这本书非常值得一看。

评论

理解何为"竞争情报"至关重要

——评《发展竞争情报能力》

陈胜群

管理会计作为一个决策支持系统,旨在通过采集、加工信息,从事以经营绩效为目标的决策支持工作。通常认为决策支持是建立在信息基础上,而确立竞争优势需要借助相关信息的加工、分析和提炼。本篇公告建立了一个超越传统会计信息概念的"竞争情报"(CI)的概念范畴。竞争情报某种程度确实是一个难以一步表述到位的术语,它是关于公司战略的一个独特概念。

一、竞争情报不是针对竞争对手

考察大型跨国公司中众多成功的案例,无论是广受赞誉的创新型科技公司苹果,还是计算机行业成功转型的 IBM,或当今的科技巨头微软,或者零售业巨人沃尔玛,它们成功的秘诀都离不开竞争情报。本篇公告重点阐述的"CI 流程",包括"收集数据、存储数据、建立情报视角、应用竞争情报视角、为战略规划流程提供意见和建议、将'商战模拟'与竞争情报流程结合起来、培养实践社群"七个步骤,在上述公司的实践中均可找到其实现形式。我们不妨把七步骤理解为从整合情报源到分析情报、使用情报、制定规划的过程,尽管每一步骤都不可或缺,但其最重要核心的无疑是"步骤三:建立情报视角"。

公告指出,"建立情报视角"的首要任务和职责是预测行业演变,即需要借助经典的经济模型和管理分析工具,同时在预测趋势和甄别变化上要求有创新性思路。

竞争分析师为揭示风险和潜在机会、进而形成有效的情报,所借助的经济模型和分析工具多种多样。从较微观角度看如 SWOT 分析,即将内部优势、劣势和外部机会、威胁等调查结果依矩阵排列,通过系统分析匹配各种因素,进而得出帮助决策的结论。从宏观环境着眼的分析工具有 PEST 分析，即从政治、法律、经济、社会文化角度分析，一定程度上也需结合技术分析、环境变化等，评判对公司的影响。兼顾宏观中观且最经典有效的分析工具，莫过于波特五力模型，其包括对供应商、需求方、潜在行业进入者、行业价值链颠覆者和竞争对手独辟蹊径的分析。

预测趋势和甄别变化对竞争分析师有非常高的要求，不仅要求其应有创新性思路，更应该注重创新性思路立足的角度。在这一点上，公告着重提出的观点是颇具启示性的。公告指出，为了说明竞争情报"是什么"，必须理解它"不是什么"。难以从正面定义切入，表明"竞争情报"是一个很容易被误解的概念，因而公告提出了一系列借助排除法的说明来帮助阐释这一概念。其中最重要的是，公告表达了 CI 不是"关于竞争对手"而是"关于竞争"这样一个基本立足点。不妨将其理解为，不同于军事领域从敌人处搜集情报的战术目的，竞争情报并非针对竞争对手个体，它要求的是情报的整体效应，情报能够使军队在战争中始终处于不败之地的战略应变能力。

二、从经典案例看实际运用

经营实践中有很多这样的案例。以成立于 1968 年的美国航空业骄子美国西南航空为例。美国西南航空公司曾经被视为廉价航空的鼻祖，自 1973 年起，其保持年年盈利的记录，利润率为年均 5% 以上，公司股价在近 30 年间上涨了 1000 多倍，在国际航空界，几乎所有航空公司都难以望其项背。西南航空的竞争分析师在情报形成上具有独特的眼光。公司注意到在美国中等城市之间、中等城市与大城市的次要机场之间，短程的点对点的客运服务需要极为强烈，客户追求的是快速、便捷和低价，并不要求高品质的机上服务，尤其在经济不景气的时期，这样的市场需求特征更为突出。于是，公司以大量清一色的燃油经济型波音 737 飞机为基础配备，以密集的短途航班班次为那些追求低价格和方便的顾客服务；刻意回避大机场和远程市场，避免与大型航空公司在市场上正面厮杀。这样的竞争策略，不仅满足了航运客流，而且使得原本打算乘坐巴士或自驾车的人也转化为公司客户。

公司联合创始人兼 CEO 凯勒尔一言道破了天机："公司业务的本质是大众客运业。"其战略定位是"领先的区域性大众客运服务提供商"，这一战略定位既包括空中也覆盖了陆地，完全突破了常规航空公司以空中交通为焦点的竞争思路。1994 年 10 月，美国联合航空子公司梭运航空基于"竞争对手"情报发现了西南航空的成功，以为找到了成功的真谛，立即原封不动地套用了西南航空的商业模式。这种做法曾经一度使西南航空失去加州10%的市场份额，然而，梭运航空并未真正参透大众航运业的产业本质，公司的战略定位、主攻方向本不在区域性和大众化航运市场上，仓促以"关于竞争对手"的判断出击，犯了商战中的兵家大忌，忘记了"亏本的生意做不长"。加之该公司缺乏西南航空所独特的以"员工第一、客户第二、股东第三"新型激励体制，及西南航空在形成体制过程中长期蕴含的人文力量，最终没有坚持多久，便在价格战中一败涂地。

即使面对梭运航空这种同业对手强力冲击的竞争，西南航空也并不采用"你低价我更低价"的同质化竞争，而是固守其既有的"关于竞争"的情报战略定位。西南航空之所以在竞争中取胜，是因为其不是针对竞争对手（其他航空公司）来进行预测和分析，而是建立起自身特有的把高速公路客流搬到天上来的情报形成视角。这种针对行业演变预测的超常规思维，无疑是提升竞争情报能力的最佳体现。西南航空的情报形成预测，既有对人口、经济、法规、技术方面的外部环境基本分析，也包括了对波特五力模型的创造性运用，从多方面体现出提升竞争情报能力的推动作用。

截至2016年6月，美国西南航空公司拥有机队合计722架，全部为波音737型飞机，业内通航城市数量列全美第一，运客量排名第二，盈利水平长期高居榜首。2017年，美国23家航空公司合计实现营业收入1539亿美元，利润155亿美元，其中，西南航空公司的营业收入与盈利分别占美国航空业整体的13.7%和22.5%。从1973年至今，公司长期持续盈利能力始终势头不减，其基于竞争情报能力前提下的独特战略定位功不可没。

三、管理会计师亦即竞争分析师

公告所阐述的竞争情报"是什么"和"不是什么"，除了上述"关于竞争"和"关于竞争对手"这一基本区隔外，还有多项重要展开。诸如CI不是从事"信息服务"，而是在于"阐释信息"；不是"关于过去和现在"，而是"围绕变化着的未来"；不是"很高兴知道"，而是"必须知道"；不是"做工业间谍"，而是"力争分享客观事实"；不是实施"信息分发"，而是确保"信息有效使用"。实际上，凡是取得成功的卓越公司，均能挖掘出与这些展开相关的潜在要素，这值得管理会计师们逐一深入思考。

就"CI过程"七步骤整体来看，按公告的表述，提升竞争情报能力旨在增加"敏捷性"。"敏捷性"这一看似学术化的表达，本质上是指针对未来市场趋势的"应变能力"。苹果、微软无一不是应变能力超强的公司，即便是一度低落的IBM也借助竞争情报成功转型。而像昔日的柯达、摩托罗拉、诺基亚之所以走向失败，是应变能力的极其薄弱且无法应对环境和市场变迁确立新的战略定位，其背后恰恰是竞争情报能力的严重失缺。

值得指出的是，竞争情报是关于战略预警、市场洞察或战略评估的，而作为其推进执行人员的管理会计师（也包括公司 CFO 及其成员），实际担当的职责是竞争分析师。这样的管理会计师，需要将商业分析技能应用于具战略意义的公司业务中，需要具备战略、运营、技术、领导力能力，以及切实掌握和创造性地运用会计和金融等多项技能，提升为其公司创造价值的能力。近期 IMA 新推出"战略与竞争力分析师"（CSCA）专业认证证书，可视为重视竞争情报能力的一个证明。

借助竞争情报，管理会计师不仅拥有预算分析、决策支持和绩效管理等能力，更是建立起了帮助企业实现创新性战略规划，通过测算管理风险和掌控未来进而持续保持竞争优势的能力。正如《孙子兵法》所云："故明君贤将，所以动而胜人，成功出于众者，先知也。"提升竞争情报能力之所以成为企业的制胜武器，其要旨正在于此。